幻の赤い珈琲を求めて

ワダコーヒー百年史

創業百年の歴史を誇りとして

ワダコーヒー株式会社（以下、ワダコーヒー）は今から百年前の一九一八（大正七）年、和田珈琲店として名古屋で産声を上げました。

当時、市内随一の繁華街、中区栄《さかえ》町に喫茶店の原形のような店はいくつかありました。しかし、客層は時代を先取りすることに熱心な意識の高い文化人や学生が中心で、コーヒーはまだまだ一般大衆には手の届きにくい、特別な飲み物であったようです。

モーニングサービスなどで独自の進化を遂げた名古屋地方の喫茶文化の今日の隆盛ぶりを考えると、時代の先の先を見越した創業者・和田昌信《まさのぶ》の確かな眼力には身内ながら驚くばかりです。

一部の愛好家を相手にした特別な飲み物から、毎日の暮らしに溶け込んだ当たり前の飲み物へ——。今やコーヒーは一日の始まりを告げ、語らいを弾ませる脇役となり、仕事で疲れた心身を癒し、夜の憩いを彩るなど、日々の生活に密着した存在となっています。

コーヒー業界の世界では現在、サードウエーブ（第3の波）と呼ばれる新たな流れが注目されています。大量生産・大量消費に支えられた昔ながらの業態である「第1の波」、シアトル系チェーンの台頭がもたらした「第2の波」を受けた「第3の波」は、一杯ずつ丁寧に淹れるハンドドリップが大きな特徴とされ

ています。

しかし、考えてみると、この手法は日本の喫茶店が昔から取り入れてきたもので、それを今も頑《かたく》なに守り続けている喫茶店も少なくありません。時代の潮流は刻々と変わり、お客様の好みも年を追うごとに多様化、個性化してきています。

このような時代だからこそ、ワダコーヒーは世界有数の産地から選び抜いた生豆を高い技術で焙煎することに心血を注いでいます。

そして、最善のおもてなしの気持ちを添えてお客様に自信をもってお届けできることを無上の喜びとしております。喫茶店をめぐるどのような波が来ようとも、こうした姿勢が揺らぐことは決してありません。

ワダコーヒーは百年の歴史を誇りとして、来たるべき「第4の波」に狙いを定め、コーヒー文化を後世に伝えるための努力を惜しまぬつもりです。

そこで、この節目を機に、ワダコーヒーのこれまでの一世紀を振り返り、これからの一世紀を展望してみたいと思います。

ワダコーヒー株式会社

代表取締役社長　和田康裕

二〇一七（平成二十九）年十月

ワダ
コーヒー
株ブラジル和田珈琲店
山田医院

幻の赤い珈琲を求めて

ワダコーヒー百年史

序章

〝二人兄弟〟に委ねられた会社の針路

GREEN CUP BRAND
WADA COFFEE®

「名古屋で珈琲焙煎一筋100年」

「社長！　あと五十枚しかありません！」

揃いのハッピを羽織った営業部スタッフの一人がブースの壁一枚隔てたバックヤードから叫びます。その声は来場客にアイスコーヒーの入ったカップを手渡している私の耳に届きます。そうこうしている間にも試飲サービスの順番を待つ人が一人、また一人と増えていきます。

東京・お台場の東京ビッグサイト東館で二〇一六（平成二十八）年六月十四日から十六日まで開かれた「第四回カフェ・喫茶ショー」は終始熱気に包まれていました。ワダコーヒーのブースは会場中央付近の角地という絶好の立地です。

スタッフの切羽詰まった声を聞いたのはその初日のこと。

あと五十枚しかないのは、このイベントのために準備した宣伝用のうちわです。両面印刷の片方に「ワダコーヒー創業100周年　1918―2018」、もう片方には「名古屋で珈琲焙煎一筋100年」というキャッチフレーズが踊ります。

用意したうちわは二千枚。一日約七百枚の計算です。しかし、三日間のうちで初日が最も暑かったせいか、うちわは予想を上回るハイペースでさばけていきます。目の前の通路を行き交うたくさんの人が次々にうちわを求めます。

午後二時にはこの日に配る予定数が底をつきました。もちろん「五十枚」は瞬く間に来場者の手に渡りました。終了まではまだ三時間もあります。急遽、翌日分を前倒しで使う一方、新たに五百枚を本社から送らせて、なんとか期間中をやり繰りしました。

このイベントでは、

「プライベート商品（コーヒーどら焼き、コーヒーカステラ、コーヒージェラード、プレミアムアイスコーヒー）の発売」

「他社とのプライベート商品の開発、提案」

「コーヒー教室の企画提案」

「コーヒー販売の企画提案（百貨店催事、イベント出店）」

――を掲げ、本社社員は原則的に全員参加で臨みました。

創業一〇〇周年を記念する書物の初めで当社が出展したイベントの様子を紹介したのは、事業の柱であるコーヒーをめぐる環境が変わりつつあることを知っていただきたいからです。その背景や経緯、先行きの見通しなどはこの先の章で触れていきたいと思います。

ワダコーヒーの「きのう・きょう・あす」を考えるとき、とりわけ、次の百年を見据えたとき、何を残し、何を改め、何を取り入れるかは経営の根幹に関わる大きな課題です。

このイベントの最大の目的はワダコーヒーという会社を知ってもらうことでした。次なる飛躍のためには知名度を上げることが何よりも重要と考えていたからです。しかし、社名だけでは分かりにくい。そこで「名古屋」の力を借りることにしました。

上・2016(平成28)年カフェ喫茶ショー4
　　ワダコーヒーブース　東京ビックサイトにて
右・2017(平成29)年カフェ喫茶ショー5

折りしも、食べ物の世界では「名古屋メシ」が注目されています。名古屋発祥の飲食店が東京や大阪に店舗を構えるケースも増えてきました。

ブースをつくるにあたっても、金のしゃちほこを取り入れるなど「名古屋感」を強く打ち出しました。名古屋の飲食が関心を集めている今、その波を逃す手はありません。うちわの片面を彩る「名古屋で珈琲焙煎一筋100年」にはそのような狙いが込められているのです。

五十人と名刺交換し、十社に手応え

「借金も財産のうち」という例えがあります。率直に言って「第四回カフェ・喫茶ショー」に販促・宣伝費としては相当額を注ぎました。専務を務める弟の英希が「本当に出展するの?」と電卓のキーを叩きながら怪訝そうな顔で質したほどです。

もちろん、借金で出展したわけではありませんが、それなりの気合を入れて臨んだのは確かです。要は投じた費用をどれだけ回収するかが問われるのだと思います。

結論を先に書けば「知ってもらう」という当初の目的は達成されたと自負しています。だからこそ、会期中に早々と次回の出展予約を済ませました。それほどの魅力と手応えを感じたからです。改めて「全国区」の展示会の力を痛感しました。

名古屋には同業者で催すグループ展のようなものはありますが、単独でブースを構える形の展示会や見本市はありません。飲食業とその周辺業者を対象とする「FOODEX（フーデックス）JAPAN／国際食品・飲料展」という展示会もありますが「アジア最大級の」と謳われるだけあって、当社には規模が大きすぎます。「SCAJ」（一般財団法人・日本スペシャルティコーヒー協会主催）という、コーヒーに特化したイベントもありますが、新規顧客の開拓に狙いを定めた当社の方向性とは少し異なる面があるので縁がありません。まさに、帯に短し、襷《たすき》に長しです。

その点「カフェ・喫茶ショー」は歴史は浅いけれども回を重ねるごとに来場者を増やしており、規模的にも頃合いです。今後も力を付けていくのは間違いありません。

そこで「カフェ・喫茶ショー」への出展を通じて名古屋以外での知名度を上げ、その効果として取引先を増やそうと考えたのです。創業以来、このような形で全国に名乗りを上げるのは初めての試みです。

初日こそ、うちわ問題などで翻弄され、なにがなんだか分からないうちに過ぎてしまったものの、体勢を立て直した残りの二日は努めて商談に注力。五十人の方と名刺交換し、二十数社と商談を進め、十社ほどから具体的な感触を得ました。この先のフォロー次第で成約数は上乗せされるはずです。

会期中には「『ご当地初出店』に値する企業を探しているので相談に乗ってほしい」という声を横浜の百貨店からかけられました。焼き菓子の購入ですでに取引のあるメーカーの会長からは「愛知県三好市の工場前にある喫茶サロンの運営に協力してほしい」

と打診されました。「プライベート商品に興味をもったので見積書がほしい」と求める自家焙煎店にも出会いました。

ほんの一例ですが、このような手応えは、名古屋にとどまっていては決してもたらされないものだと思います。試飲のアイスコーヒーをお替りし「おいしい」と笑顔で言ってくださった一般来場者も。業者に限定したイベントなのに、どうして入場できたのか、いまだに謎ですが、どのような形であれ、喜んでいただけたことで、私なりに確かな自信と誇りを覚えました。

外部の施設やイベントに積極的に参加

店の前を東西に走る広小路通りをトヨタ自動車のレクサスが通るたびに担当者が深々とお辞儀をすることで有名になった名古屋市郊外のレクサス星が丘店。それは徹底した「おもてなしの心」から生まれたものだと言われています。同店の取り組みは本にもなりました。

二〇一五（平成二十七）年十一月から、当社は店内で出されるコーヒーを提供しています。ホテルのラウンジを思わせるようなゆったりとした空間は日ごろの喧騒とは一線を画する別世界のようです。

このような空間で楽しんでいただけるコーヒーを提供するのもこれからの当社の進む

べき道ではないか。そう考えて、外部施設にも積極的に関わるようになりました。

この間、これまでに顧客を対象とした「コーヒーの淹れ方教室」を三回開いています。十人程度と見込んでいた参加者が予想を上回る三十人となったための措置です。

後の章でも触れますが、進む一方の少子高齢化は当社の経営にも少しずつ響いています。経営者の高齢化に伴って、当社の主力である喫茶店ルートの需要が減退するからです。需要減退は喫茶店数の減少や一社あたりの取引量の減少という格好で影を落とします。

こうした流れに歯止めをかけるためには、喫茶店に人を呼び戻さなければなりません。しかし、ただ「喫茶店に行きましょう」と叫んでみても始まらない。

喫茶店に足を運んでもらうためにはコーヒーそのものに興味をもってもらうこと、そしてより深く知ってもらうことが大切です。

そこで、レクサス店でのサービスとは違う形で外部に目を向けることにしました。その一環として取り組んだのが名古屋北部最大の総合住宅展示場である「黒川東中日ハウジングセンター」で二カ月に一度開かれるイベント「黒川マルシェ」への参加です。

マルシェとは「市場」という意味のフランス語ですが、このイベントでは文字通り、さまざまな業種が敷地内に露店を出したり、テントを張ったりして来場者をもてなします。

当社が初めて出店した二〇一六（平成二十八）年二月の回では二〇～三〇代の若い主婦層に一杯四百円のブレンドコーヒーが売れました。同業店の数や空模様などによって売れ行きは変わりますが、今後もコーヒーファンの拡大と育成につながるこうしたイベ

応募多数のコーヒー教室　make my day（名古屋　栄）

ントには積極的に参加していく考えです。

競争率二・五倍のコーヒー教室

「お仕事帰りに学べる1回簡潔体験　美味しいコーヒー講座」。

東海地方を中心とする若い女性の読者をつかんでいる月刊誌『Ｃｈｅｅｋ（チーク）』の二〇一六（平成二十八）年七月号に載せた、コーヒー教室への参加者を募る告知です。

一種のタイアップ企画で、発行元が誌面広告の掲載や参加者の募集、会場の設営などを含む取りまとめを行い、当社が淹れ方の指導を担いました。

当社の歴史を辿る、後の章でも触れますが、創業当時、まだ一般にはなじみの薄かったコーヒーを広めるため、当社は百貨店や女学校などを回ってコーヒー教室を開いていました。ですから、今回の取り組みは〝先祖返り〟といえるかもしれません。

ただ、その目的は異なります。創業者がコーヒーの啓蒙や宣伝を目指したのに対し、私は当社の「創業一〇〇周年」を訴えるための効果的な手段と位置付けました。このため、誌面を通じた広告でも、当日の挨拶でも、そのことを繰り返しました。

「カフェ・喫茶ショー」への出展、後述するテレビドラマの監修役の受諾、時流を意識した新たな顧客の獲得など、この数年は「創業一〇〇年」にからめた斬新な手立てを矢継ぎ早に仕掛けました。

しかし、あわよくば一般のコーヒーファンの裾野拡大にもつながると踏んだコーヒー教室への応募は当初、はかばかしくありませんでした。計画では、七月に四回ある月曜日の午後七時半から八時半まで毎回十人、計四十人の参加を見込んでいました。にもかかわらず、雑誌発売一週間で集まったのはわずか三人。「客席よりも舞台のほうが人間が多い」という状況になってしまいます。

「サクラ」を使わねばならないのかという考えが頭をよぎります。発行元が系列の『リビング新聞』でも告知すると、最終的な応募者は百人を超えました。ざっと二・五倍の競争率です。

大学生から会社員の女性に限り、参加費千八十円、希望者にはキット代二千七百円を前金で納めていただくという条件にもかかわらず、欠席者はゼロ。予想を上回る反響があったことは、潜在的なニーズがあることの証です。コーヒーの可能性はまだまだあるという手応えを感じました。

ちょっとしたコツで別物になるコーヒー

ｍａｋｅ　ｍｙ　ｄａｙ。直訳すれば「私の日を作ろう」。映画の字幕風に味付けするなら「私だけのかけがえのない日を」とでもなるのでしょうか。コーヒー教室はこの英文と同じ名前をもつ、テレビ塔の西側にある陶器と雑貨を扱うおしゃれな店で行われました。

この催しには当社から私のほか、企画担当と焙煎担当のスタッフが講師を務めました。用意した豆は「和田ブレンド」「珈楽」「皐月」の三種。「和田ブレンド」は浅煎り、「珈楽」は中煎り、「皐月」は深煎りという違いがあります。

時間が限られているので、難しい理屈ではなく、コーヒーをおいしく淹れたいという、ほとんどの参加者の希望を叶えることに力点を置きました。コーヒーはプロが淹れても、ちょっとのコツで別物になってしまいます。それを理解するには自分で確かめるのが一番です。

そこで、実際に豆を挽き、ハンドドリップによる抽出を体験します。まず、スタッフが簡単に説明しながら、あえて詳しい手順には触れず、さらっと手本を示します。その後で参加者が思い思いにコーヒーを淹れます。そして、両者を飲み比べてもらいます。当然のことながら、プロが淹れたコーヒーとの差は歴然。

二回目はおいしく淹れるためのコツを一つひとつ丁寧に明かしたうえで試してもらいます。ほとんどの参加者が最初の時よりも格段においしくなることを実感し、感動します。手ほどきするコツは、お湯の温度、豆の分量、お湯の注ぎ方、蒸らし方など、どれも当たり前のことばかり。器具やカップの温め方や豆の保管方法などでおいしさが左右されることも伝えます。熱心にメモを取る参加者も少なくありません。

参加者の自己紹介では、コーヒー教室に足を運んだ理由にも触れてもらいました。

「会社で淹れる立場にいるけれど、我流なので自分の方法が正しいのかどうか分からない」

「コーヒーが好きなので、正しい作法を覚えたい」

「これまで粉末のインスタントコーヒーしか飲んだことがなかったので、ちゃんとしたレギュラーコーヒーを自分で淹れてみたい」

「プロの技を学んで、とにかくおいしいコーヒーを飲んでみたい」

——など、動機はさまざま。ただし、一通りのプログラムを終えての感想は申し合わせたように「とても楽しい経験でした」。少なくとも参加者の数だけコーヒー愛好家が増えたのは確かなようです。

舞い込んだ、テレビドラマの監修役

「カフェ・喫茶ショー」への出展を検討していた二〇一五（平成二十七）年四月、地元テレビ局の一つで当社から歩いて五分ほどの距離にある名古屋テレビ放送（メーテレ）の制作部から一本の電話が入りました。名古屋を舞台とする深夜のドラマ枠への協力依頼です。

名古屋を舞台にするなら、まずは喫茶店だろう。しかし、リアリティを出すにはしかるべき監修者をつけるべきだ。そういえば、近所にコーヒー豆を扱う「珈楽」という店

NO BUSAIKO NO LIFE
知ってますか？名古屋の喫茶文化が今世界から注目されていること。
それを知った、モテない、金ない、意気地もないダメダメ三人兄弟が、名古屋で喫茶店経営を始めるんです。
でもこんな三人の喫茶店にあなたは行く勇気ありますか？女子的には、無いと思います。
しか〜し、テレビドラマならちょっと勇気出せば大丈夫。
キャラ濃い三人兄弟のオール名古屋ロケドラマ、メ〜テレからあなたに贈ります♥
ワダコーヒー株式会社が
コーヒーの監修をいたしました。
ワダコーヒーの直営店にて撮影もいたしました。
番組オリジナルコーヒーを
メ〜テレと共同開発・販売を致します。
メ〜テレドラマ
1杯のコーヒーが
あなたを
幸せにする?!
三人兄弟
愛と涙の
名古屋
喫茶物語！
10/12スタート！ 毎週月曜 深夜0時20分〜
六角 精児 今野 浩喜 波岡 一喜 ／鈴木福 神戸浩／中村静香 白石美帆
(キングオブコメディ)
メ〜テレ

がある。だったら、そこに頼んでみよう。だいたい、そんな流れで当社に白羽の矢が立ったようです。

メーテレサイドには当社を監修役にすると好都合な点がありました。ロケ地として使う「メデリン」という本物の喫茶店が当社の隣接地にあったのです。「メデリン」さんは四年ほど前に廃業されたのですが、道路に面していることもあり、外観は昔のまま。年に何人かは営業中だと思って扉を開けようとしています。

この店はかつて、メーテレ社員の行きつけの一つであったことから、今回の撮影も快諾されたようです。当社にとっては、お隣のことでもあるし、喫茶店業界の宣伝になるなら断る理由はありません。二つ返事でお請けしました。そんな経緯から、撮影期間中、普段は使わない部屋をスタッフの控え室や機材置き場として提供しました。

こうして始まったドラマ「三人兄弟」は父親の遺産相続の条件として、父親の喫茶店を一年間営業することになった金一、銀二、銅三という三人兄弟が悪戦苦闘する様子を描きました。

毎回、兄弟の奮闘ぶりを縦糸に、名古屋地方の有名喫茶店の紹介を横糸にしながら、二〇一五（平成二十七）年十月から十二月まで計十回放映。第七話には当社が東海市で運営する「和田珈琲店　季楽」が取り上げられました。

毎回、撮影が終わり、スタッフが撤収してからすべての鍵を締める役を任されていたのは専務の英希です。わずか三、四分のシーンのために何人ものスタッフが準備やリハーサル、チェックなど、五時間あまりを費やす制作現場は良い意味で刺激となったのでしょう。

「目の前のコーヒー豆にも社内外の多くの人の手がかかっているのと同じ。だからこそ、日々の仕事をしっかりしなければと思った」と彼なりに得たものがあったようです。

当社の「創業一〇〇年」につなげる意味合いもあった「三人兄弟」は好評につき、二〇一六（平成二十八）年十月から「メーテレ55周年記念番組」という冠付きで第二弾がスタート。前回同様、監修者役を仰せつかりました。

第一弾、第二弾とも、番組の最後に当社の名前が小さな文字で流れます。放送エリアは東海地方に限られていますが、それなりの宣伝効果があったのではないかと思います。

創業一〇〇年を迎えるワダコーヒーの針路は三人兄弟ならぬ、英希との二人兄弟に委ねられています。これまでのワダコーヒーがどのような道のりを辿り、この先、どのような道を切り開こうとしているのか。この小さな書物で明らかにしていきたいと思います。

第一章

創業期・基盤形成期

丁稚奉公から身を起こした和田昌信

すべての物事には必ず固有の歴史があります。ワダコーヒーも例外ではありません。その源流を遡《さかのぼ》ると、一九一八（大正七）年に創業者の和田昌信が名古屋市東区久屋町で開いた「和田珈琲店」に辿り着きます。

では、昌信はどのようないきさつで今日の礎《いしずえ》を築いたのでしょうか。その手がかりを知るには時計の針を百年以上前に戻さねばなりません。

昌信は一八九五（明治二八）年十二月十一日、六人兄弟の三男として、農業を営む父文平、母はなの間に生まれました。実家は山梨県東山梨郡大藤村（現在の甲府市塩山）にありました。『にごりえ』『たけくらべ』の作者として知られ、現在流通している五千円札の肖像でおなじみの樋口一葉はいとこにあたります。

兄弟のうち、長男恒貞《つねさだ》は家業を継ぎ、次男守平《もりへい》は名古屋市東区東新町にあった「万平ホテル」の向かいで食料品店を営んでいました。守平の成功をきっかけに他の兄弟も故郷を後にします。

当時は長野と名古屋を結ぶ中央本線が全線開通する前夜の時期であり、名古屋は山梨県人にとって東京とは趣《おもむき》の違う魅力的な都会と映ったのでしょう。

三男の昌信は尋常高等小学校を終えると、守平を追うように名古屋への片道切符を買い、中村区泥江町の「川手食料品店」に丁稚奉公します。四男勇《いさむ》も昌信を頼って来名し、事業を手伝うようになりました。第五子で妹の美津子《みつこ》は地元に嫁ぎ、末弟の五男文雄《ふみお》は横浜で株屋となりました。

約束の年季が明けた一九二六（昭和元）年、待望の独立を果たしました。山梨から出てきて名古屋の地を踏んで二十年目のことでした。勇が手伝うようになったのもこのころです。昌信は独り立ちするにあたって、一通り勝手の分かる食料品店を営もうと考えていました。

しかし、恩義のある川手食料品店と同じ商品を扱うのははばかられるし、失礼です。場合によっては商売敵《がたき》になって迷惑をかけることになるかもしれません。一計を案じた昌信は川手食料品店で扱ったことがあるものの、ほとんど売れないでいたコーヒーを主力にすることを決めました。

なぜ、コーヒーがほとんど売れなかったのか。答は簡単です。当時の日本には一般家庭でコーヒーを嗜《たしな》む習慣がなかったばかりでなく、今日のような形の喫茶店がほとんどなかったからです。つまり、需要がない。そんな商品だから、奉公した店にも迷惑がかからない。昌信の脳裏にはそんな考えがあったと思われます。

コーヒーを中心とする商いを事業の柱に据える。今日まで連綿と引き継がれるワダコーヒーの歴史の第一ページはこのときに記されたといってもよいでしょう。

来たるべきコーヒー文化の将来を確信

昌信は川手食料品店の奉公時代に見初めたはなと結ばれ、名古屋市東区久屋町の一角に「和田珈琲店」を開きます。時代の先取りをしたい人たちを中心にコーヒーが少しずつ広まり始めたころでしたが、コーヒーを供するのは現在のような喫茶店ではなく、ホテルがほとんどでした。

当時の名古屋における同業はキーコーヒーやライオンコーヒーくらいしかありません。老舗の松屋コーヒーは開業こそしていたものの、洋食器が中心で、器に注がれる肝心のコーヒーを扱うのは二代目の経営者になってからのことでした。

昌信はコーヒー専門としての形を整えるため、神戸の専門業者、株式会社石光季男《すえお》商店（現、石光商事株式会社）の力添えで米国製のローヤル焙煎機を輸入する一方、各国のコーヒー生豆を仕入れました。一九二七（昭和二）年のことです。石

昭和初期　久屋町の店舗前にて　昌信、はな夫妻を囲む子供たちと従業員

光商事株式会社とのビジネスは現在も途切れることなく続いています。まさに、長きにわたるご縁です。

古い書物を紐解《ひもと》くと「名古屋で初めて焙煎機を導入し、珈琲の加工や卸販売を本格的に取り入れた意義は大きく、名古屋におけるコーヒーの業界史を変えた」と当時の和田珈琲店が評されています。

実際、生豆を焙煎し、コーヒーの加工卸販売に乗り出すという積極果敢な経営は同業者の目を見張らせました。創業九年目にあたるこの年の十月、和田珈琲店は、当時の代表的なコーヒー生産国の名前を冠した「ブラジル和田珈琲店」（以下、便宜上和田珈琲店と表記）と改名しました。

少し前後しますが、独立に際して昌信がコーヒーを主力商品として選んだのは、川手食料品店との競合を避けるためでした。それはそれで一つの考え方ですが、真の狙いは「新しい飲み物」としてのコーヒーを一般大衆に幅広く普及させたかったからではないかと思われます。

事実、昌信が開業した当時のコーヒー需要は微々たるものでした。しかし、昌信には「コーヒーがやがて日本の大衆に親しまれ、第二のお茶として受け入れられる時代が来る」という確かな読みがありました。

後で振り返ってみると、その時々の何気ない判断が決定的な意味を持っていたということがあります。このときの昌信も来たるべきコーヒー文化の将来を敏感に感じ取っていたのでしょう。

和田珈琲店の店主としてコーヒー豆の卸売りを始めた昌信はコーヒー豆を売ることよりも、その宣伝普及に力を注ぎました。それは、漠然と抱いていたコーヒーの将来に対する「自信」を「確信」に変えるためでもありました。

「一部の愛好家だけを相手にした特別な飲み物ではなく、毎日の暮らしに溶け込んだ当たり前の飲み物」を目指した昌信の悲願は百年後の現在、確かに叶えられているようです。

ブラジル政府から委ねられた普及活動

わざわざ米国から焙煎機を仕入れたり、普及のための活動に力を注いだり、社名にブラジルの国名を冠したりする昌信の熱のこもった姿勢は思わぬ縁を引き寄せます。

日本市場の将来性に着目したブラジル・コーヒー宣伝本部が中部六県下の代理店契約を結ぶべく、昌信に伺いを立ててきたのです。昌信はこの申し出を二つ返事で引き受けました。

ブラジル・コーヒー宣伝本部はその名の通り、ブラジル産のコーヒーを宣伝する組織ですが、その運営母体はブラジル政府で大臣級の大物官僚が代表を務める、いわば半官半民の機関です。国策として日本にコーヒーを普及させるため、資金の大部分を支出するほど政府が力を入れていたものの、国情も習慣も嗜好も異なる日本でどのような手を打てばいいのか。実態は手探りの活動を続けていました。

そんなとき、状況視察のために名古屋を訪れた同宣伝本部のエー・エー・アシンソン会長と昌信がめぐり合います。とはいえ、初対面から親しく言葉を交わしたのではなく、昌信が同氏の顔を見たのは当時の国鉄名古屋駅。同氏一行を出迎える業界関係者の一人という立場でした。

同会長は名古屋の業界関係者との懇談会でブラジルにおけるコーヒー生産の実情を淡々と、しかし丁寧に語りました。その話に聞き入っていた昌信は「栽培にあたっている農民の多くが日系移民である」というくだりで胸を打たれました。

遠く海を渡り、地球の裏側で汗を流している同胞たち。その苦労の結晶をなんとか日本に根付かせたい。コーヒーの普及宣伝にかける昌信の気持ちは一段と熱を帯びました。

ブラジルコーヒー普及宣伝活動（一番後ろが昌信）

懇談会の後、昌信は同会長から思いがけぬ誘いを受けます。それは中部地区におけるブラジル・コーヒーの普及宣伝事業に対する直々の委嘱でした。一九三三（昭和八）年十月のことです。恐らく、名古屋で孤軍奮闘している昌信の活躍が東京の宣伝本部でも話題になっていたからでしょう。

これを機に、昌信は中部六県下の女学校でコーヒーの点《た》て方や味わい方を教える講習会を何度も開きました。出席した教師や学生にはコーヒーを無料で提供し、試飲してもらいました。百貨店での試飲会も率先して催しました。

こうした提案は昌信がかねてから温めていたものですが、同会長の即決で受け入れられました。普及に努める一方、その前線を担う喫茶店の新規開業の相談に乗ったり、手伝ったりもしました。

一九三五（昭和十）年五月には和田珈琲店の中に「珈琲研究所」を設けました。主にブレンドを研究するための施設でした。こうして懸案であったコーヒーの普及は昌信の個人的な思いばかりでなく、ブラジル政府の肝煎りという大きな力を得て、ようやく軌道に乗り始めました。

奇跡的に戦火を逃れた記念アルバム

ブラジル・コーヒー宣伝本部からの厚い信任を受け、中部地区での普及宣伝の代理店となった和田珈琲店ですが、名古屋には業界の先発社がすでにありました。

それらを差し置いて特段の役割を委ねられたことは取りも直さず、コーヒーの普及活動に対する昌信の掛け値なしの情熱が宣伝本部の上層部に伝わったからでしょう。無論、昌信もその期待に応えるべく、時には社業を後回しにして連日、各地を駆け巡りました。

「商売を広げるよりも、コーヒーを普及させたいという思いが強かった。業界にはキーコーヒーやライオンコーヒーという先達がいたが、代理店という大看板を武器にして、時にはコネを使って、なんとかコーヒーを広めようと知恵を絞っていた。だから、決して同業者の顧客を奪うのではなく、一緒になってコーヒーファンを増やそうと、それればかり考えていた」

昌信の長男で、後年二代目社長として和田珈琲店を継いだ昌次《しょうじ》は当時の昌信の奮闘ぶりをそう振り返ります。

宣伝本部は当時、名古屋のほか、東京と大阪でも普及活動を精力的に行いました。東京では日東コーヒーが和田珈琲店と同じ役割を担ったものの、大阪では無償提供された分の豆を配り切ると特定の代理店が置かれることはありませんでした。恐らく、神戸の貿易会社がその役目を担ったため、代理店がなくても商いができたからだと考えられます。

ともあれ、宣伝本部は日本での活動とその成果を記録するため、折に触れて各地区の写真を撮っていました。百数十枚の写真を収めた分厚いアルバムは記念品として各地区の主だった事業者に贈られました。

和田珈琲店はその貴重なアルバムを贈られた事業者の一つです。アルバムの表紙には昌信に中部地区の代理店を委ねたエー・エー・アシンソン会長のサインが踊っています。日本とブラジルとの懸け橋となったコーヒーをめぐる、このような和やかな交流が行われる一方で、世情の雲行きはどんどん怪しくなっていきました。

特に太平洋戦争が始まるとコーヒーの輸入は次第に難しくなり、ついには輸入禁止の憂き目に遭いました。昌信の努力が徐々に実を結び、日本人の生活の中にようやくコーヒーが広まろうとしていた矢先のことです。

一九四五（昭和二十）年三月十九日、名古屋を焦土と化した名古屋大空襲で市内の中心部に店を構えていた和田珈琲店は全焼。昌信は家財のすべてを失いました。

しかし、昌信の努力を称える、何物にも代えがたいアシンソン会長のサイン入りアルバムだけは奇跡的に無事で、今では和田家の家宝として本社で大切に保管されています。戦況激化を見越して田舎に疎開させていたのが幸いしたのでした。

生豆の詰まった麻袋で遊んだ二代目

戦火で焼失した和田珈琲店は戦後、名古屋市の戦後復興計画事業に伴い、これまでの久屋町から同じ東区の七曲町に移り、新店舗を開業しました。一九四七（昭和二十二）年十月のことです。後に二代目社長となる現相談役の昌次はまだ年端もいかない子供でした。

昌次は昌信、はなの長男として一九三六（昭和十一）年八月二十一日、名古屋で生まれました。昌信の「昌」を次ぐから昌次。ちなみに、すぐ下の弟で最後は会長を務めた次男の信次《しんじ》は昌信の「信」を次ぐのが名前の由来です。

昌次は長男ではあるものの、九人兄弟のちょうど真ん中で、上に姉が四人、信次の下に妹が三人いました。長女とは十歳、七女とも十歳離れているという年齢構成でした。長女は昌子《まさこ》、次女は久子《ひさこ》、三女は美代子《みよこ》、四女は節子《せつこ》、五女は喜久子《きくこ》、六女は栄子《えいこ》、七女は邦子《くにこ》。兄弟の名前のうち、昌子は昌信の一字が充てられています。久子は初めての店を出した久屋町、栄子は繁華街の栄町にちなみます。

「今のように姓名判断に凝ったり、字画に悩んだりする時代ではないので適当に付けたのではないか」と昌次は親の気持ちを察します。

昌次が物心つくころには七曲町の店が軌道に乗り、配達のための従業員を何人も雇い入れるほど活況を呈していました。幼いころの昌次はコーヒーの生豆が詰まった麻袋の上で飛んだり跳ねたりして過ごしていました。

「遊び疲れると従業員の横井さんが焙煎機で行う作業を飽きずに眺めていた。冬は焙煎機の熱で周りが暖かくなるので好きな場所だったな。大人びた香りに包まれて育ったので、子供心にも将来は店を継がないかんと思ったね」

事実、その通りになるのですが、昌次が経営の最前線で陣頭指揮を執るまでにはしば

上・昭和初期の和田家一族と従業員家族の記念写真。晴れ着姿の少女たちの笑顔にまだ戦争の影はない
右・創業当時の焙煎を担当していた職人気質の横井さん（中央後ろ）
子供のころの昌次（前列右）と従業員に抱かれている信次（前列左）

らく時間がかかります。しかし、昌次の四人の姉たちはなんらかの形で店を手伝っていたようです。

昌次は中学を終えると名古屋の名門、明和高校に進み、法政大学経済学部に入学しました。テニスに明け暮れていた高校時代の先輩に声をかけられての上京です。昌信の末弟である横浜の叔父の家に下宿しながらの学生生活が始まりました。

「おじさんの家だから食うことと住むことには恵まれたが、毎朝の株の講義には閉口した」

将来に備えて生きた経済を甥っ子に仕込んでやろうとの心積もりだったかもしれませんが、朝早くに叩き起こされ、眠い目をこすりながら聞かされる株の話は苦痛でしかありません。もとより、株の値動きには興味がない。バラ色であるはずの学生生活は叔父の厳しい監視下に置かれ、次第に濁った色合いの度を増してきました。

母親の説得で思いとどまった大学中退

叔父の愛情を素直に受け入れられないほど精神的に追い込まれた昌次は大学を中退することを決め、昌信に伝えました。女手よりも後を継ぐ長男に期待をかけていた昌信は昌次の気持ちを察し、持ち前の人脈で東京での働き口を見つけ、先方の会社に面接の段取りまで取り付けました。

「社長として迎え入れるための修行のつもりでよその飯を食わせたかったんだろうね。こっちもそのつもりだったのに、母親が待ったをかけた。これからの時代、人を使うのに大学くらい出ていないと経営者として示しがつかんと大いに泣きつかれた。それで、親父も折れた。ここぞというとき、女の涙は強い」

結局、はなの顔を立てて中退という形を取らず、南山大学の社会科学部に編入するという格好で昌次は大学生活を継続します。

「たまたま南山大学の教育部長と親父が懇意だったので手続きはスムーズに運んだね。今ではいろいろ難しいことがあるけど、あのころは問題なく通った。世の中全体が大らかな時代だったね」

母親の説得と父親の尽力で南山大学に編入したものの、授業のないときはテニスに汗を流す日々。東海選手権のダブルスで優勝したこともあります。東京帰りだからという変な理由で応援団にも誘われました。

「だから今でも声が大きい。軟派と硬派の両方を経験できたのは楽しかった」

ところが、楽しい日々のツケは卒業時にまとめて回ってきました。編入したものの、高校時代と同じようにテニスに明け暮れ、授業よりも配達の手伝いに精を出していたため、必要な単位が取れず、卒業は無理との通告を受けたのです。

「親父が卒業後の自分に期待していたことは十分に分かっていたし、入社後のあれこれも考えてくれていた。『そういう父親ですから、卒業できないとなると悲観して枝ぶりの良い木で首をくくりかねません。だから、なんとか助けてください』と三人の先生に泣きついた。誰かに知恵を付けられたのか、自分で考えたのかは忘れたけど、酒とコーヒーを手土産に平身低頭したら親孝行な息子だということでなんとかなっちゃった」

編入騒動のときと同様、大らかな時代だったということでしょう。

土地ではなく信用を残してくれた昌信

真に迫った懇願に大学側が折れた格好で無事卒業した昌次はいよいよ次代の和田珈琲店を率いる経営者としての第一歩を踏み出します。親から子へ、そして初代から二代目へのバトンタッチはどのようになされたのでしょうか。

「結局、親父から学んだのはコーヒーの作り方くらい。改めて経営の手ほどきを受けたことはなかったな」

昌次は経営者としての昌信の思い出をそう振り返ります。実際、中区栄の中日文化センターに頼まれて講師役を引き受けた昌信のアシスタントとして同行するようなことはあっても、普段はあまり干渉しない親子関係であったようです。その代わり、昌次が一目置くのは昌信の人脈とそれをさらに広げる持ち前の行動力でした。

「自分にとってコーヒーとはなんだったかと考えると、それで生活させてもらったありがたいものということに行き着く。かつてテレビドラマになったほど派手な婚礼で知られる名古屋から七人の娘を人並みに嫁がせることができたのはコーヒーのおかげ。その代わり、久屋町の建物も商売で使う設備も借金で賄った」

昌次が舌を巻いた昌信の人脈の一つに出身地山梨の政治家で、六期二十四年にわたって愛知県知事を務めた桑原幹根《くわはらみきね》との交流があります。恐らく県人会がらみでしょうが、桑原は折に触れ、ここぞというときに力になってくれたといいます。

「一九七四（昭和四十九）年に竣工した現本社の建設資金調達で東海銀行（現三菱東京ＵＦＪ銀行）にお世話になったとき、これはぼくの信用ではなく親父の信用ですかと聞いたら、担当者は『そうです』とうなずいた。結局、親父はさほど金銭的財産を残してくれなかったけれども、人脈という財産を残してくれた。あるいは、土地を残すよりも信用を残してくれた。よく、子は親の背中を見て育つというけど、ぼくが親父から学んだのは『商売は信用第一だ』ということに尽きるね」

昌信の背中を見て育った昌次の時代が本格的に花開くまでの歴史をあと少し辿ってみましょう。

直営喫茶部の研修生を射止めた昌次

すでに触れたように、昌信は戦後の混乱が落ち着く兆しを見せ始めた一九四七（昭和二十二）年十月、東区七曲町（現・東桜一丁目）に本拠を移す一方、中区伏見に直売喫茶部を開設。一九五〇（昭和二十五）年には個人事業だった「和田珈琲店」を株式会社として新発足させました。

東京オリンピック目前の一九六三（昭和三十八）年、伏見の直営喫茶部に松浦初柯《はつえ》という女性が訪れました。一年間の期限付きでカウンター業務の研修を受けるためです。

初柯の祖父、弥兵衛は名古屋の古い飲食業界の草創期の一人で、料理旅館「八千久《やちく》」と仕出し屋の「松浦商店」を手がけており、長男の弥兵衛《やひょうえ》に「八千久」を次男の英男《ひでお》に「松浦商店」を引き継がせました。

「八千久」は名古屋の都市計画などの影響を受けて廃業しましたが「松浦商店」は地元の駅弁の草分けとして健在です。東京オリンピックの開催に合わせて開業した東海道新幹線開業にちなんで売り出した「こだま弁当」は大ヒットし、現在も売れ行きの上位を占めるロングセラーとなっています。

老舗料理旅館の一人娘であった初柯が和田珈琲店に見習いで入ったのは、叔父にあたる英男が当時の国鉄中央線鶴舞駅の高架下に開業する喫茶店「うみ」で出すコーヒーの淹れ方の手ほどきを受けるためでした。

実際、一年後に「うみ」は開業し、初柯は店長として、中二階のあるボックス席六つほどの店を切り盛りしました。メニューは和田珈琲店のコーヒーとトースト、サンドイッチというシンプルなもの。

この店に開業当時からコーヒー豆や関連商材を配達していたのが昌次です。二人はも

上・初代社長昌信と妻はな
下・2代目社長昌次と妻初枂

ちろん、初柯が直営喫茶部に通っていたころからの知り合いです。

世が世ならば、当時の名古屋の繁華街の一つ、大須に収容人数百人を超える大広間や十ばかりの部屋を備えた堂々たる二階建ての料理旅館の跡取り娘として女将に納まっていたであろう初柯の心を捉えたのは他ならぬ昌次でした。

交際期間一年を経て、二人は結婚します。つまり、初柯は私の母親です。初柯によると昌次に魅かれたのは真面目なところ。双方の父親同士が商売を通じて知人であったことから縁談はトントン拍子に進んだそうです。

もっとも、子どものころから「一人娘として、絶対に『八千久』を継がねばならない」と覚悟していた初柯は、家業が店を畳んだことで「二度と帰ることはできない」という思いを強くしたそうです。

和田珈琲店からワダコーヒーへ

「和田珈琲店」のその後を駆け足で辿ると、一九七〇（昭和四十五）年、東区東新町に直営店「喫茶と珈琲小売の店　和田コーヒー店」を開店。一九七四（昭和四十九）年には、中区大井町に新社屋を完成、コーヒー豆や専門器具の販売部門と配送センターを設けました。

一九九五（平成七）年に現在の「ワダコーヒー株式会社」に改組。二〇〇三（平成十五）年には、本社のコーヒー豆小売部を改装し「香琲豆屋　珈楽《からく》本店」を開きました。二〇〇六（平成十八）年、直営店の「和田珈琲店　季楽《きらく》」を愛知県東海市に開店。二〇一三（平成二十五）年には「和田珈琲店　久音《くおん》」を愛知県豊明市に開店しました。

直営店舗の相次ぐ出店は、自社のブレンドをお得意様に提供する一方、お得意様の要望を的確につかんで店舗運営に生かすのが狙い。二つの店舗はどちらも、これから喫茶店経営を目指す方たちがさまざまなノウハウを実地に学ぶための場としての役割も担っています。それぞれの店舗や事業の概要などについては章を改めて詳述します。

本拠の場所や事業の形が変わっても「コーヒーを売ることより、コーヒーを幅広く広めること」に生涯情熱を燃やし続けた昌信の信念は今も変わることなく引き継がれています。それこそが次代へのバトンを受け取った私たち現経営陣の務めであると自負しています。

考えてみると、コーヒーの普及に徹してきた前身の時代から、当社は常にお客様本位の姿勢を貫いてきました。それは、当社の歩みが単なる飲み物としてのコーヒーばかりでなく、産地や銘柄、ブレンド、器具などを含むコーヒー文化全体を広めることに重きを置いてきたからです。

昌信が創業した当時と現在とでは世の中の動きも社会の仕組みも、何よりコーヒーの普及度も異なっています。ですから、一概には言えませんが、少なくとも、昌信が目指した「コーヒーを幅広く広めること」という理想は確かに実を結んでいると思います。

COLUMN

01

二人三脚で発展に尽くした和田信次会長

私の父で二代目社長を務めた和田昌次との二人三脚でワダコーヒーの発展に尽力した。私の入社後は叔父であるばかりでなく、社会人の先輩として常に良き相談相手であった。若かりしころは直営店の現場にも立ち、人事や営業面の管理もしていた。経営の数値管理も担当し、ムダな出費を出さぬよう隅々にまで目を光らせた。その思いは世代を超え、私の弟で専務の英希に引き継がれている。

仕事に邁進する半面、趣味にも力を抜かなかった。狩猟やゴルフ、映画、音楽、読書など、文武両道で腕を磨いた。公私にわたる友人も多く得意先のオーナーからは親しみを込めて「しんちゃん」と呼ばれていた。

私の社長就任後は、人の上に立つことの心構えや経営者のあり方について、あれこれと指導を受けた。それだけに、この記念誌の完成を見ることなく逝ってしまったことが悔やまれる。2015（平成27）年12月14日、享年75歳であった。いつも静かに隣で見守ってくれた人がいなくなるのは、やはり寂しい。

自宅でくつろぐ昌次（左）と信次（右）

第二章

発展期から現在へ

GREEN CUP BRAND
WADA COFFEE®

『料理天国』に夢中になっていた小学生

初代昌信、二代昌次の時代を経て、経営のバトンは私に託されることになりました。専務を五年間経験した後、二〇一〇（平成二十二）十月、社長に就任しました。

私は一九六八（昭和四十三）年六月二十七日、昌次と初柯の長男として名古屋で生まれました。五年後に弟の英希が生まれます。すでに触れたように英希は現在、専務を務めていて、当社で扱うコーヒー豆の選定やブレンドなど、主に商品戦略全般に関わっています。

生まれてからずっと、当時本社を置いていた名古屋市東区七曲町に親子で住んでいました。幼稚園は近所の市立第一幼稚園です。

帰ってくると住まいの隣にあった焙煎工場に行って、コーヒー豆の入った麻袋の上を駆け回っていました。昌次の子ども時代と同じことをしていたわけです。「歴史は繰り返す」。工場内に漂っていた、焙煎するときの深くて香ばしい香りは今でも鮮明に覚えています。

五歳のとき、現在の本社所在地である名古屋市中区大井町に移りましたが、小学校は東区の東桜小学校に越境通学しました。麻袋の上で一緒に遊んだ、仲の良かった幼なじみと離れるのが嫌だったからです。

最初の一年間は父親が送り迎えしてくれましたが、二年生になってからは名古屋市営地下鉄の名城線で通いました。幸い、乗り換えなしで行けるので好都合でした。とはいえ、集団登校しなければならないため、学校に直接向かうのでなく、一旦、集合場所に寄らなければなりません。

しかし、その遠回りは苦にはなりませんでした。集合場所は当社の焙煎工場の並びにあった洋菓子店、サンモリッツの工場前だったからです。

朝早くからガラス戸の向こうで忙しそうに働く白衣姿の人たちの様子はいつまで見ていても飽きることがありません。あたりに漂う、甘い香りには子ども心にうっとりしました。

毎日毎日眺めていると、作業の段取りを自然に覚えてしまいます。まさに「門前の小僧、習わぬ経を読む」の状態です。それだけに、作業途中で戸惑っている新人らしき人の姿を見ると、代わってあげたいくらいでした。

そのうち、ただ眺めるだけでなく、自分でも作ってみたいと思うようになりました。喫茶店に関わる商売をしている家なので、洋菓子作りのための材料や調理器具は一通り揃っています。

そこで、学校が休みの日などには小麦粉やバター、牛乳、卵などと格闘しました。台所に入ると、ホイップしたときの角《つの》はうまく立っているかどうかなど、おおよそ小学生らしからぬ心配ばかりしていました。

生菓子であれ、焼き菓子であれ「作品」は家でも外でも評判でした。特に、お誕生会などで持参すると「本当に自分で作ったの？」と友だちよりも親御さんに驚かれるほどで、少なからず幼い自尊心をくすぐられました。「人が喜んでくれるのは自分自身の喜びでもある」ことを身をもって感じたのもそのころです。

正月が近づくとお節《せち》の昆布巻きを一人で作りました。母親は一人っ子でしたが、父親の兄弟が多かったので、正月になると一族が三十人以上集まります。小学校の一クラス分です。大宴会は一月二日と決まっていて、大人たちは花札に興じ、子どもたちはハイテンションで家中を駆け回ります。

そんないとこたちを尻目に、私は昆布巻きの最終仕上げや盛り付けにいそしんでいました。結局、歳末の昆布巻き作りは中学校時代まで続きました。

土曜日になると、夕方に放送されていた『料理天国』に夢中になりました。現在のグルメ番組の走りのような内容で、単なる調理手順だけでなく、取り上げたメニューにまつわる知識を学べる情報番組でもありました。当然、洋菓子がテーマのときは特に一生懸命メモを取りました。ゲームやアニメやキャッチボールよりも、この番組のほうが何倍も楽しめたのは確かです。

中学校は素直に学区内の市立伊勢山中学に進学。高校は北区の市立北高等学校で青春を謳歌しました。

七曲町（現・中区東桜一丁目）の自宅前にて幼なじみと遊ぶ和田康裕（右）　後方左は和田昌次

好むと好まざるとに関わらず放任主義

「青春を謳歌した」という言葉に表れているように、小学校、中学校、高等学校を通じて、両親からはしつけや教育でうるさく言われた記憶がありません。

そのせいか、子ども時代はのびのびと過ごすことができました。今日の言葉で言えば、一種の放任主義ですが、親の立場からすると手をかけたくてもかけられなかったというのが実情です。

前述したように、母親は縁あって父親と結ばれるのですが、平穏無事に過ごせたのは最初の十年ほど。祖父の昌信が倒れ、その四年後には祖母も病に伏したため、母親は二人の面倒をみなければならなくなりました。

祖父はしばらく入院していましたが、打つ手がないということで退院。祖母は初めから入院を拒んだため、結局、食事や入浴、下の世話まで、身の回りの一切合財が母親に委ねられることになりました。

今日のような訪問看護やさまざまな介護制度がない時代です。看護師やお手伝いさん、父親の姉妹などの力を借りたとはいえ、二十四時間、三百六十五日の看病生活はさぞかししきつかったと思います。この生活は祖父母がそれぞれ息を引き取るまで合計八年間続きました。

母親は自らの性格を「頑張り屋で、負けん気が強い」と常々言っています。八年間に及ぶ自宅での看病を支えたのはこの性格だったと思います。

本来であれば、社長である夫の相談相手になったり、女性らしい感性を生かしたアイデアを出したりして当社の経営に関わることを望んだかもしれませんが、それは叶わぬことでした。そのぶん、父親は仕事に没頭できたと思います。

いつだったか「勉強を見てあげるべき時に十分な時間を割くことができなかった」と言われたことがあります。母親なりの後悔でしょうが、子供心には好きなときに好きなことを好きなだけできた自由のほうがよほど嬉しかったように思います。

大学ではなく、パティシエの道を選ぶ

話を戻します。北高校は部活動が活発で、中でも音楽部は全国大会に何度も出場し、成果を収めるほど有名です。その音楽部で私は三年間、合唱に明け暮れる毎日でした。

一人の実力が勝負となる独唱とは違い、合唱ではチームワークが問われます。自分のパートを正しく歌った上で他のパートと調和するように気を配る。始まりの息遣い、要所要所の目配せなど、本来の歌以外に神経を遣う場面も少なくありません。

著名な大会に出場し、満足のゆく結果を得られたこともあります。ともかく歌うことが楽しくて楽しくて仕方がない。そうこうするうちに、周りが受験勉強に精を出しているることに遅ればせながら気づきます。しかし、時すでに遅し。どう頑張っても希望する

大学には行けないなと悟りました。

かなりランクを落とせば、なんとか潜り込めそうな大学はありました。しかし、そうまでして行きたいとは思いません。浪人して次の年に賭けるという選択もありましたが、必ず受かるという保証もない。それならば、別の道を歩もうと決めたのです。

「これからの経営者は大学くらい出ていないと……」と父の大学中退を思いとどまらせた祖母の言葉が電光ニュースの文字のように頭をよぎりましたが、時代が違います。幸い、両親は私の考えを理解してくれました。

私が選んだ「別の道」はパティシエ、すなわち菓子職人でした。近年、パティシエは男女問わず、非常に人気の高い職業となりましたが、私が入学した当時はまだ一般的な言葉ではありませんでした。実際、私が通った大阪の「辻製菓専門学校」はその前年に「辻調理師専門学校」から分離されたばかり。まだ新しい分野でした。

私が調理師ではなく製菓の専門学校の扉を叩いたのは、子どものころのお菓子づくりの延長ともいえますが、やはり、家業を継ぐことになったとき、なんらかの形で貢献できるようになりたいという心理が無意識かつ本能的に働いていたのかもしれません。

一年間の大阪暮らしを終えると名古屋ではなく、東京で自分の力を試したいと思いました。甘えが生じやすい名古屋よりも、厳しい東京のほうが鍛えられると思ったのです。夏休みの一週間、ホテルに詰めながら履歴書を片手に十店ほどの店を訪ね歩きました。

店を選ぶときの条件はただ一つ。規模の大きなケーキ屋ではなく、小ぢんまりとした

大阪・あべの辻製菓専門学校にて課題の「イチゴのショートケーキ」を作る

個人店であることでした。理由は簡単。一通りの仕事をさせてもらえると踏んだからです。こうして日本橋馬喰町の「ブラッセル」というパスタとケーキの店に採用されました。

足かけ三年間に及ぶ東京での武者修行

私の読み通り「ブラッセル」では、何から何まで好きなようにさせてもらえました。毎日の仕事は辻製菓専門学校で習ったことの答え合わせであり、将来に向けて腕を磨く絶好の機会でもありました。

しかし、雇われた初めの時期こそ、謙虚な気持ちで調理場に立っていたものの、半年も経つと「もうすることがない」と思う気持ちが日増しに強くなりました。これ以上ここにいても進歩がないと確信したのです。今振り返ると、大変に失礼な思い上がりですが、何者をも恐れぬ気持ちの高ぶりは若者の特権でもあります。

結局、その店は一年で辞めました。私が社会人として最初に勤めた思い出深い店ですが、残念ながら、今はありません。

次にお世話になったのは菓子・パンの製造販売とカフェを手がける「フランス菓子キャトル」の製造工場（渋谷区富ヶ谷）。二年余り勤めました。本体は健在ですが、惜しいことにこの製造工場も移転してしまいました。勤めていたころはちょうどバブルの真っ盛りの時期だったので、つくったものは右から左に、という感じで売れました。多感な時期に異常な景気状態の中で過ごしたのは良くも悪くも貴重な経験でした。

名古屋から遠く離れた土地で、曲がりなりにも生計を立て、パティシエとしての経験を積むという意味では、足かけ三年間の武者修行は決してムダではありませんでした。とはいえ、バブルの熱気は神経を高ぶらせます。東京生活最後の年になる二十三歳の春先に母親がふらりと遊びに来ました。

「そろそろ帰ろうかと思う」とだけ告げました。それが父にどう伝わったかは分かりませんが、家業を手伝う手はずは整いました。その年の七月、名古屋に戻りました。

後で聞いたところによると、私が東京暮らしを始めることを決めたとき、親戚縁者のほとんどが三カ月も経たずに尻尾を巻いて舞い戻ってくると考えていたそうです。子ども時代の私は丸々と太っていて、典型的なお坊ちゃんタイプでした。だから、世間の荒波に耐えられるはずがないと思われたらしいのです。

ところが「石の上にも三年」という期間はとりあえずクリアした。丸々太っていた少年はほっそりとした青白い顔色の青年として帰郷しました。親戚縁者の人たちはそんな私をどう思って迎えたのか。いつか聞いてみたいと思っています。

ワダコーヒー社員として最初の仕事はお得意様への商品配達でした。基本的に肉体労働なので、時にきついこともありましたが、陽の当たらない場所で一日中、小麦粉と格闘したり、生クリームを練ったりしているのとは違う充実感があります。

今はまだ最年少だから、戦力にならないのは当たり前だけれども、果たしてこの先うまくやっていけるのだろうか。先行きに対する不安と希望の混じった気持ちで胸が苦しくなることもありました。

仕事の合間に屋上に上がって西の空に目をやると、そんな気持ちを見透かすように、大きな夕陽がゆらめきながら、ゆっくりと落ちていきます。目に染み入るようなオレンジ色の光は「心配するな」と励ましてくれているように私には思えました。

役職に就いたことで伸びた背筋

名古屋に戻るまで東京の二つの職場で働いていたものの、パスタやケーキの店の仕事とコーヒー豆を配達する仕事はまったくの別物です。社会人としての経験も実績もまだ十分ではありません。

ですから、古くからいる社内の人にとって、久しぶりに帰ってくる社長の息子はさぞかし頼りなく映ったことでしょう。

外からの目も二つに分かれていたようです。「世話になった社長の息子だから」という好意的な捉え方があれば「社長の息子のくせに、こんなことも分からんのか」という受け止め方もありました。

あまり厳しく育てられた覚えがなく、どちらかというと大らかに成長してきたので、人と接するとき、相手に対する苦手意識を感じたことは名古屋に戻ってくるまではあり

実社会で鍛えられ、心身ばかりでなく経営面でも引き締まった体質を目指す和田康裕

ませんでした。しかし、世間はこちらが思うほど甘くはありません。

お得意様回りをする中で、何人もクセのある人と出会いました。友だちを選ぶのなら好き嫌いを言えるけれども、ビジネスである以上、苦手な人とも日々話をしなければなりません。これまで、そういう経験をしたことがなかったし、する必要もなかったので、さすがに堪《こた》えました。

手厳しいことを言われたり、無理難題を吹っかけられたりした日の夜には食べ物がのどを通りません。本当にそういうことがあるんだと妙に納得した覚えがあります。いわば無菌状態から放り出されたも同然なので世の中の厳しさに対する免疫が十分にできていなかったのでしょう。

お得意様のカフェレストランの二代目で、ほぼ同世代の社長には業務上のやんちゃを随分押し付けられました。場数を踏んだ今なら、適当にかわす知恵があります。

しかし、当時は何かにつけて不慣れなときだったので、真正面から向かうことしかできません。要するに、応用問題ができない。明日訪問しなければ、と思うだけで気分が落ち込みました。

そのうち仕事を離れた付き合いが始まり、連日「過度なコミュニケーション」を深めた結果、体を壊す手前までいきました。今思い起こすと、苦手な応用問題を克服するために取った捨て身の戦略でした。

そんな日々を過ごし、三年目くらいに企画室室長という辞令が下りました。室長といっても、実質的には一人の部署です。その仕事ぶりは別の章で後述します。

ともあれ、ささやかながら、役職を与えられたことで背筋が伸びた思いがしたのは確かです。精神的にピリッとしました。

そのことをより実感したのは二〇〇五（平成十七）年の専務就任です。同時に英希も常務になりました。その後、二〇一〇（平成二十二）年はそれぞれ、社長と専務に昇格しています。

兄が広げた大風呂敷をたたむ弟

専務時代に携わった仕事で自他共に認める最も大きな案件は直営店舗「季楽」の立ち上げと運営です。

専務に就任した翌年の春先に出店を決め、すぐさま物件を探し、ゴールデンウイーク中に出店地を決め、夏に着工し、年明けの一月に開業に漕ぎ着けるという早業でした。

「季楽」では店舗運営に関するマネジメントのほか、パティシエとしても腕を振るいました。「昔取った杵柄」です。喫茶店がお菓子を扱う場合、生菓子は自家製、焼き菓子は仕入れてまかなうケースが多いものです。

当社はその両方を手がけました。当初は焼き型に入れて作っていたのですが、型から出したり、型を洗ったり、乾かしたりするのに手間がかかります。時間短縮のため、金

ワダコーヒーの個性を彩る豆の仕入れや選定など、商品全般に関わっている和田英希

属製の型の代わりに紙型を使ってみたら、焼き縮みが起こります。金属に比べて保温力が低いからです。

そこで、金型の内側に紙を巻いて試してみました。すると、余熱が保たれるので紙型よりも良い状態で仕上がります。来る日も来る日も「お客様に喜んでもらうこと」だけを考え、試行錯誤を繰り返していました。

現在も週に二回ほどは足を運んでケーキを焼いています。この店はパンとケーキが売り物ですから、盛り付けには気を遣います。ただ並べるだけなら誰でもできる。見栄えを大切にして、いかにおいしく見えるかを考えるようにとスタッフには指示しています。

開業から三年間、私はオーナー兼パティシエとして「季楽」にどっぷり浸る日々を過ごしました。自宅から毎日通うのは「痛勤」になるので店の近くにアパートを借りたほどです。

朝五時から夜十一時過ぎまで、文字通りかかり切りとなりました。その間、本来私が社内ですべき仕事は英希に委ねました。

英希は名古屋市立南高等学校を経て大阪で大学生活を送り、卒業後は私と同じように配達を七～八年経験しています。その後小売り担当となり、豆の仕入れや選定など商品全般をみています。

私は立場上、外づらがあるので、案外大風呂敷を広げることがあります。それをたたむのが英希の役割です。いわば私が会社の外を見て、英希が中を束ねるという分担です。

北高校と南高校、文系と理系、東京と大阪など、兄弟でありながら、辿ってきた道のりは絵に描いたように対照的。だからこそ、うまく噛み合っているのかも知れません。

社長の息子なんだから四倍働け！

平社員から室長、室長から専務、専務から社長へと役職が上がるたび、両肩にかかる責任の重さを感じるようになりました。

例えば、専務時代には本社で採用の面接を行うときにも隣に叔父の会長が同席していました。ですから、自分で決めかねたときには意見を求めることができました。

社内ばかりでなく、対外的な場面では盾になってもらえました。どのようなことでも、迷ったり考えあぐねたりしたときには相談に乗ってもらえました。社長になるということは、その盾がなくなるということです。

否が応でも自分がトップだという意識が自ずと高まりました。それを最も感じたのは直営店で人を採用するときです。本社の社員、とりわけ社歴の長い人はワダコーヒーという会社を理解した上で勤めてもらっています。

当社の歴史や成り立ち、特徴、業界内の位置づけや歴代社長の考え方なども熟知しています。中には私より詳しい古参社員もいるほどです。

まだ企画室長になりたてのころ、外出から戻ってくると、そんな古参の一人に呼び止められ「お前は社長の息子なんだから、普通の社員の四倍働け！」と戒《いまし》められました。自分自身、そんなものだろうと思っていたので、その忠告はありがたく受け止めました。

この古参社員は社長時代の昌次や、その弟の信次の薫陶を得て育てられています。私が入社したころにはそんな社員がごろごろいました。彼らは一族の他の兄弟のことまで知り尽くしています。

九人兄弟のうち、昌次と信次を除く七人の姉妹の名前や性格はもちろん、それぞれの嫁ぎ先の相手の人柄まで頭に入っています。それは覗き見趣味ではなく、この時代には決して珍しくなかった大家族主義の名残りだと思います。

そういう雰囲気の中で育ってきた人だからこそ、遠慮なく「四倍働け」と言えるし、言われた私も抵抗なく耳を傾けることができました。

室長時代は配達の仕事も兼務していましたが、このころはまだ景気が良かったので、さしたる苦

南営業所にて焙煎の打合せをする「焙煎士」の２人

労もなく提案した商品を買っていただくことができました。いわば誰でも売れた時代です。だからこそ、自分の立場をわきまえた上で、誰よりも良い成績を残さねばならないと考えていました。

世代交代で始まった業界の勉強会

一つの業界に二つ以上の業者が集まると必ず団体が生まれます。団体には行政に連なる公的なものと、業界内の親睦などを深めるための私的なものとがあります。

コーヒー業界も例外ではありません。愛知県のコーヒー焙煎業者の集まりに「シグマ会」という組織がありました。昌次が社長時代のことです。時代は高度経済成長期で国内のあらゆる産業に弾みがついていました。

そのシグマ会を母体として立ち上げられたのが「ＡＣＣ（Ａｉｃｈｉ・Ｃｏｆｆｅｅ・Ｃｅｒｃｌｅ）」という集まりです。主に共同購入の実施や展示会の開催、情報誌の発行、ポスターの印刷など、一社では難しいさまざまな活動を業界挙げて行うのが狙いです。

メンバーは昌次と同世代の経営者とその二代目の人たちが中心でした。二代目といっても年齢層は広く、ほとんどが私よりも一回り上でした。私は最も若い参加者であったと思います。

しかし、世の中も社長連中も元気だった発足当初とは異なり、経済が成長期から安定期に入り、社長たちも高齢化するに及んで次第に会の勢いが衰えてきました。

それは、かつて隆盛を極めた昌次クラスの人たちの手法が時代に合わなくなってきたことを示す兆候でもあります。兆候はやがて現実となり、閉会のやむなきに至りました。

それを受けて、二〇〇〇（平成十二）年、参加メンバー十九社のうち八社が立ち上げた勉強会が「近代化経営研究会」です。次代を担う各社の若手社員が横断的に連携し、情報交換を行いました。当社からは私が参加しました。

毎月第二土曜日に例会を持ったのですが、回を重ねるうち、毎回出席する会社と出席しない会社に分かれました。こういうことはどんな世界でも起こります。声を掛けても出席しない会社が固定すれば会全体の士気にも関わります。

こうして「去る者は追わず」の構えで、毎回出席する会社だけでつくった実践的な勉強会が「珈昇《かしょう》倶楽部」です。会の名称にはコーヒーの香りも売り上げも景気も昇るようにとの切実な願いが込められています。

当社のほか、イトウ珈琲商会、共和コーヒー店、内藤珈琲商会、松屋コーヒー部の計五社が参加しました。

勉強会と共同購買の二本立てで活動

「近代化経営研究会」を発展的に解消した形で発足した「珈昇倶楽部」の活動は社長会の発案に基づく「勉強会」と社員が中心の「実務会」とに大別されます。

勉強会は「名古屋コーヒー勉強会」と名付けられました。珈昇クラブにオブザーバー参加していた石光商事の石脇智広社長の講義を毎月一回、午後五時から七時まで聴講するものでした。

石脇社長は当時、石光商事の研究開発室室長で、珈琲の科学的分析にかけては業界でも一目置かれる存在です。講義の内容は分かりやすく、すぐに役立つものばかりでした。石脇社長は「コーヒー会社の社員のためになる実践的な中身を」という社長会の要請を快く引き受けてくださいました。

毎回、図表をふんだんに使った分厚い資料を用意して自らの経験と知識を私たちに惜しみなく授け、当初予定通り、一年で全カリキュラムを終えました。

ちなみに、石光商事は当社が一九二七（昭和二）年に米国製の焙煎機を輸入したときお世話になった石光季男《すえお》商店を母体とするコーヒー・食品主力の専門商社です。

勉強会の前には参加各社のコーヒーを科学的に分析して、当事者さえ知らない自社の個性をあぶり出すという試みもしました。その分析器も石光商事にありました。

精密に分析された結果は一種のマトリックスの形で示されます。縦軸と横軸の交わる部分を見れば、おおよその味の傾向をつかむことができます。それで自社のコーヒーの強みや弱みを知ることができるのです。

このマトリックスは、苦みや酸味、雑味などの手がかりになります。ですから、こんな風味のブレンドを作りたいというときの重要な道しるべとして使うこともできます。

実務会は五社のスケールメリットを生かして文字通り、商品を共同購買するのが目的です。珈昇倶楽部は当初、毎年夏に展示会を開いていましたが、費用対効果のバランスが悪いため、これに代えて特売の仲介を石光商事に委ねました。

同社は期待通り、輸入元との窓口として交渉にあたってくれました。その利点は大きく、各社はシーズンごとに打ち出すイベントで、他のグループにはない特徴を出すことができました。

COLUMN
02

5升分を一度に濾していた高度成長期

1950年代半ばから70年代半ば、元号でいうと昭和30～40年代は高度成長期で、毎週のように得意先が新規開店した。営業担当者は開店時にコーヒーの抽出やメニューを指導し、手伝いに足を運ぶのが常であった。

当時は40席ほどの店でも10回転、20回転するのが珍しくないほど客が押し寄せた。すると、1杯ずつ入れていたのではとても間に合わない。そこで、ネルドリップで10杯分を一度に作って注ぎ分けた。100席クラスの大型店になると、お湯を沸かした寸胴にコーヒーの粉を入れ、ボイルして5升のネルフィルターで一度に濾してしのいだ。それを次から次に用意しなければならないほど、当時の喫茶店は賑わっていたのである。

長年営業をしている得意先の中には、モーニングタイムの時間帯だけネルドリップの10杯抽出をして、まろやかでしっかりとした味のコーヒーを提供している店もある。その代わり、午後からは注文ごとに1杯ずつ抽出している店が多い。

第三章

卸売業としてのワダコーヒー

本社コーヒー豆小売部をリニューアル

卸売部を東区七曲町に移した一九六一（昭和三十六）年、当社は最新式サローマエキスプレッソ熱風焙煎機を導入して品質の向上と均一化にいち早く取り組んでいます。その後も、セミオートマチック大型焙煎機（一九七三＝昭和四十八年）や大型ローラーグラインダーミル（一九七五＝昭和五十年）など、常に時代の最先端をいく機械の導入に力を入れてきました。

それらで培われたノウハウはかつて運営していた南区鶴田の「喫茶＆レストラン　愛と憩いのカフェプラザグリーンカップ」を改装した焙煎工場にいかんなく注ぎ込まれています。この店の成り立ちや改装されるまでの経緯は別の章で後述します。

現在、この焙煎工場は社内的に「工場」ではなく「南営業所」と呼ばれていますが、その理由も後に触れていきます。

当社は一九七四（昭和四十九）年、東区七曲町から中

和田昌信氏略伝 〜珈琲に生きる〜　1974（昭和49）年作成

区大井町の現在地に本社を移しました。竣工を記念して編まれた『珈琲に生きる』という小冊子は

「鉄筋コンクリート五層の威容を誇る新社屋は始祖・和田昌信社長の功績を不朽とする永遠の金字塔であり、昌信氏が創始した事業を不抜の基礎に打ち立てたものである」

と落成披露の様子を称えています。

身内としては、いささか面映《おもはゆ》い気持ちにさせられる文面ですが、ご祝儀代わりの表現であることを差し引いても、当社の歴史における大きな節目であったことに間違いはありません。

その新社屋の一階にはコーヒー豆の小売部がありました。場所は地下鉄名城線の東別院駅に程近く、通りにも面していたので、一種のショールームとしての機能も併せ持っていました。

ところが、ショールームといっても、骨董品屋の店先のように古い道具が雑然と置いてあるだけ。もともと卸売りを生業《なりわい》としていたので、小売りは勝手が違います。折り込みチラシなどを打てば、近所のお客様を中心に一定の需要はありましたが、売り上げに占めるパーセンテージは全体から見れば低いものでした。

たとえ低くても、本業の卸売りが活況であった時代は、さほど目立つ数字ではありませんでした。しかし、経営者の高齢化に伴う喫茶店ルートの需要減退は少しずつ当社の経営に響いてきました。需要減退は喫茶店数の減少と、一店舗あたりの取引量の減少と

現・本社ビル竣工披露の写真を収めたアルバム

いう格好で表れました。バブルの崩壊による景気全体の低迷がそれに拍車をかけました。

そこで、主力の卸売りに頼るばかりでなく、個人客の開拓に一層の力を入れることにしたのです。そのためには、ただ商品を並べるのではなく、商品知識を得られ、試飲もできる提案型の店づくりが必要です。今日のコンサルティングセールスの一環です。

当時は各地で高級喫茶がもてはやされつつあったので、そうした時流に乗れないかと考えました。当初は一階を小売店、二階を喫茶店として使う構想でした。しかし、喫茶店を営業するためにはお客様専用のトイレを用意しなければなりません。すでにある建物の中で新設するのは物理的に不可能です。やむなく喫茶店は断念し、小売店に専念することにしました。

店構えでも店名でも「豆」をアピール

リニューアルに際しては地の利を生かし、道行く人に思わず立ち止まってもらえるような店づくりを目指しました。贈り物用や季節に合わせた商品の品揃えも充実させることにしました。

展開スペースは初めから決まっているので広げることができません。そこで、何を見せるか、どう見せるかということに心を砕きました。しかし、陳列方法は定まらず、時間だけが過ぎていきました。

新しいワダコーヒーを印象付けるため、方々を歩きました。そんなとき、ガラス瓶の置き方が斬新で分かりやすい上におしゃれな紅茶専門店を東京で見つけました。その雰囲気はコーヒーを扱う店でも使えると思いました。頭の中で一階のスペースと重ね合わせてみるとピッタリです。名古屋に帰るとすぐ、その店の棚を当社用にアレンジした什器を業者に発注しました。

立派な棚が据え付けられてもそこに並べる商品が貧弱では見劣りします。今日でこそ、当社の基本ブレンドに九種類のストレートと、それらに合うお菓子を揃えていますが、そのころは売れ筋のブレンドが中心。今日のスペシャリティコーヒーという考え方はまだ芽生えておらず、肝心のストレートコーヒーはキリマンジャロ、モカ、ブルーマウンテンなど数種類しかありませんでした。

こうして二〇〇三（平成十五）年にリニューアルオープンしたのがコーヒー豆専門店「香琲豆屋　珈楽本店」です。「コーヒーマメヤ・カラクホンテン」と読みます。

コーヒーという飲み物ではなく、その原料である「豆」を扱う当社のアイデンティティーを打ち出すため、豆を連想させる「香」という字を充てて「香琲」をコーヒーと読ませました。

店名をめぐっては「珈琲豆屋　香楽本店」という案もあったのですが「香楽」の字面だと反射的にラーメンを思い浮かべる人が多いので、この名前に落ち着きました。

店の入口に「当店は喫茶店ではありません」という断り書きをしてあるにもかかわら

ず、いまだに間違えて入ってくる人が後を絶ちません。外から見た雰囲気は申しぶんなく合格点ということでしょう。

カフェレストランを改装した焙煎工場

家庭でゆっくりコーヒーを淹れるというライフスタイルは昔からありましたが、自分だけの好みを大切にする個性化や多様化が進んだことで、粉末タイプのインスタントコーヒーには飽き足らない新たな消費者が増えてきました。

その傾向はバブル経済が崩壊してから一段と際立つようになりました。ちょっと乱暴なたとえかもしれませんが、インスタントコーヒーは、とりあえず「コーヒー」という飲み物を飲みたい人に重宝されています。

これに対して、当社が扱うような豆を使って淹れるレギュラーコーヒーを好む人は、準備から片づけまでを通じた「時間」や「ゆとり」を楽しんでいるのだと思いま

す。その延長線に家族や友人との語らいがあり、コーヒーそのものに対する関心の深まりもあります。

もちろん、その日の過ごし方や気分に応じて、それぞれを使い分けている人もいるでしょう。缶コーヒーやコンビニコーヒー、個包装の紙パック入りレギュラーコーヒーなど、近年は選択肢も増えてきました。

肝心なのは、どれが正しく、どれが誤りかではなく、コーヒーの接し方には、さまざまな形があるということです。そのさまざまな形の中で、コーヒー豆を選びたいという需要に専門店として応えられるせいか「香琲豆屋珈楽本店」へのリニューアル後の手応えは順調です。

旧来のお客様だけでなく、新規顧客にも足を運んでもらえるようになりました。こうしてワダコーヒーのファンの固定化も進みました。当社の小売事業ではそういう個人のお客様をどれだけつかみ、喜んでいただける商品を揃えるかがカギになります。

二〇〇四（平成十六）年には南区鶴田の「喫茶&レストラン　愛と憩いのカフェプラザ　グリーンカップ」の

後を「焙煎工場」に改装して、その後小売りスペースを「珈楽　南店」に改装しました。

「グリーンカップ」はもともと、当社初のカフェレストランとして開業した店ですが、思うような成果を挙げられず、六年あまりで閉めました。その代わり、当時栄にあった焙煎工場の機能を移すことにしました。施設の有効活用です。

こうして、かつてのカフェレストランは焙煎工場に衣替えしました。その工場に併設されたのが「珈楽南店」というわけです。店頭では、その日の挽き立てのコーヒー豆を提供しています。

焙煎工場の一角にあるという特徴を生かすため、店舗内にも小型の焙煎機を用意しています。お客様の好みを聞いて、その場で生豆を焙煎するのが狙い。この焙煎工場は単に焙煎するだけの生産部門ではなく、お客様に商品を提供する部門でもあります。

この拠点を「工場」とは呼ばず「南営業所」と呼ぶのには、そんな理由があるのです。

熟練の職人の技が支える焙煎工場

農園で育てられたコーヒーの生豆がカップに注がれるまでには実に数多くの工程を辿ります。その中にはいくつかの主要な段階があります。中でも焙煎はコーヒーの味わいを決める大切な要素の一つです。

当社では商社から仕入れた豆を名古屋市南区の南営業所（焙煎工場）で焙煎していま

す。当社は創業以来、東区久屋に焙煎工場を置いていましたが、前述のように「グリーンカップ店」として使っていた建物を改装するにあたって、現在地に移しました。

南営業所の焙煎は必ず人の手を介します。効率を考えれば、機械を導入して全自動で行うほうが簡単です。しかし、当社はあくまでも手作業にこだわります。それぞれのお得意様に納める商品は互いに試行錯誤を繰り返し、半ば共同開発で作り上げたものばかりです。

お得意様ごとの微妙な味わいは熟練の職人の技術でしか生み出すことができません。当社が機械だけに頼り切らないのは、こうしたお客様本位の姿勢を貫きたいと考えているからに他なりません。

その一環として力を入れているのが「コーヒーインストラクター」の養成です。現在本社にはコーヒーインストラクター1級の認定取得者が二名います。

コーヒーインストラクターは全日本コーヒー商工組合連合会の認定資格制度で二〇〇三年秋に立ち上げられました。2級、1級のほか、その上位にコーヒー鑑定士という資格があります。

2級は基礎的なコーヒーの知識と鑑定技術があると認められた人に与えられます。1級はより高度で専門的な水準が問われ、コーヒー製造業者のプロとしてふさわしい専門知識と鑑定技術が問われます。

当社では全社員十五名中十名が2級を、先の二名が1級を取得（二〇一六年十一月現在)。それは当社ブランドの品質が正しい知識と技術を持った社員によって守られていることの公的な証《あか》しであることを物語ります。

話を元に戻すと、南営業所には六〇キロ、一〇キロ、五キロと三種類の容量の焙煎機を揃えています。併設する小売部門の「香琲豆屋　珈楽南店」にも一キロの小型機を置いています。

やや専門的になりますが、焙煎をする熱を送る方法は直火、半熱風、熱風の三つに大別されます。それぞれに特徴があるのですが、当社では現在、半熱風式の焙煎機を使っています。豆の持ち味を最も引き出せると考えているからです。

当社の各焙煎機の熱源は六〇キロと五キロがガス、一〇キロはガスと炭焼きの兼用、一キロは電気です。熱源が違えば味わいも変わります。これもお客様の好みに応じるための方策です。

余談ですが、炭焼き兼用機を導入したのは当時流行していた炭焼きコーヒーに対応するためでした。これを使った独自の商品も開発し「カフェクラシカ」という商標も考えました。準備万端整い、さあ登録申請しようとした矢先、すでに他社から登録されていたことを知り、昌次は非常に悔しがりました。

商標登録は叶いませんでしたが、もちろん機械は現役として働き、開発した商品も違った形でお客様に愛されています。

コーヒーの焙煎は焙煎士の経験と数値データが必要

COLUMN
03

秘伝！ クラシックショコラのレシピ

【用意するもの】

15cm ホールケーキ型 1台、チョコレート 80g、バター（無糖）50g、生クリーム大さじ２、薄力粉 30g、ココア大さじ１、卵黄２個分、グラニュー糖 90g、卵白２個分、飾り用粒チョコレート適量、仕上げ用の生クリームかアイスクリーム

【作り方】

1：ケーキの型にバターを薄く塗り、冷蔵庫で冷やしておく
2：オーブンを160℃に温めておく
3：薄力粉とココアは合わせて茶こしでふるっておく
4：耐熱容器に細かく刻んだチョコレート・バター・生クリームを入れ、電子レンジで約２分加熱する（A）
5：電子レンジで温めている間に、卵白にグラニュー糖の1／3を入れ、泡だて器でよくほぐし泡立てる。グラニュー糖が混ざってきたら残りを２回に分けて入れ、よく泡立てふんわりとしたメレンゲを作る
6：温めて溶けた（A）の中に薄力粉とココア、卵黄を加えてよくまぜる（B）
7：ふんわりと泡立てたメレンゲの中に（B）を加えて混ぜる（C）
8：冷蔵庫で冷やしておいたホールケーキ型に（C）を入れる
9：ケーキ生地の表面に粒チョコレートを適量のせる
10：160℃に温めておいたオーブンに入れ、30 分ほど焼く
11：竹串をさして生地がついてこなければ焼き上がり
12：余熱をとり、型から外してラップで覆い、冷蔵庫で休ませる
13：お好みの大きさにカットして、生クリームやアイスクリームを添える

創業1918年
和田珈琲店

第四章

外食産業としてのワダコーヒー

GREEN CUP BRAND
WADA COFFEE ®

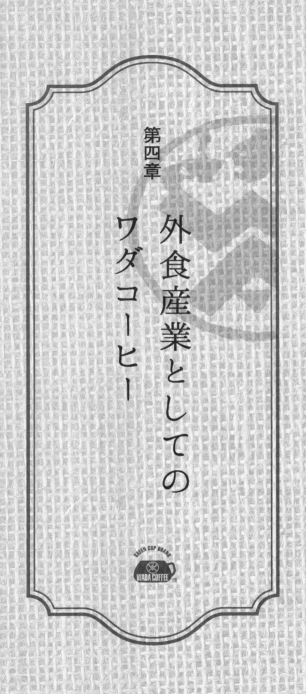

御園座の俳優に親しまれた伏見店

一九四七（昭和二十二）年、名古屋市中区広小路通りの伏見店に開設した直営喫茶部を皮切りに、当社は広い意味での外食産業に参入します。

その背景には、豆の販売先である喫茶店やコーヒー専門点、ホテル、レストランなどへの技術、経営指導に役立つ経験を自らが積む狙いもありました。

直営店の展開はエンドユーザーであるお客様の好みをいち早く的確につかみ、豆を選んだり、ブレンドに生かしたりするための大きな力になっています。

現在は後述する「季楽」と「久音」の二店舗だけですが、将来は喫茶ばかりでなく、小売部門を併設した、さまざまなタイプの店舗を揃えたいと願っています。

この章では、これまでに当社が手がけてきた直営喫茶部門の足取りを追っていきたいと思います。

当社が手がけた最初の直営店である伏見店は名古屋の目抜き通りである広小路通りと伏見通りの交差点の北西角にありました。

この地域は名古屋有数のビジネス街の一つで、近くにはこの地方を代表する繊維問屋街が控えており、いつも活気にあふれていました。

それぞれの通り沿いには全国主要銀行の名古屋支店が軒を連ね、大小さまざまなホテルや映画館なども点在していました。

共に繁華街である栄、名古屋駅の中間に位置するところから、伏見店が面する広小路通り（特に栄から柳橋あたり）をそぞろ歩くことが「広ブラ」と呼ばれていた時代です。広ブラとは東京・銀座界隈を歩く銀ブラにあやかったものです。

店の前の広小路通りを渡ると、広小路通りと交差する伏見通り沿いに御園座がありました。昌信は芝居通である上に、世話好きであったことから、いつの間にか伏見店が御園座にやって来る役者や歌手などの出演者、関係者のたまり場のようになりました。

さまざまな芸能人の後援会や友の会などの会場として使われることもしばしばでした。御園座に出演するたびに必ず通い詰めた大御所のある女優は「ワダコーヒーは日本一の味よ」と役者仲間に吹聴してくれたそうです。

今日のグルメ本の草分けのような書物には「コーヒーは無邪気な子どもと同じ。こちらが愛情込めて親切に扱えば、おいしいコーヒーが出るし、いい加減なやり方をすればまずくなる」という昌信のコーヒーに寄せる思い

得意先の喫茶店前にて　昭和三十年代の和田昌信

を紹介しています。

その書物によると、出版された一九六五（昭和四十）年当時の主なメニューと値段は次の通りです。

ワダ・スペシャルミックス＝七〇円
モカ・マタリ（アラビア）＝一〇〇円
ブラジル（南米）＝一〇〇円
コロンビア（中米）＝一〇〇円
キリマンジャロ（アフリカ）＝一〇〇円
マンデリン（スマトラ）＝一〇〇円
ハワイ・コナ（ハワイ）＝一〇〇円
ブルーマウンテン（西インド諸島）＝一二〇円

昌信の肝煎りでつくられた店とあって、本人の思い入れも強く、特別な用事がない限り必ず立ち寄るのが日課でした。昌信はカウンター越しに出されたコーヒーをスプーンで一さじすくうと口に含んでころがし、その日の出来栄えを判定するのが常でした。

コーヒーの味は同じ淹れ方をしても毎日同じではあり

和田昌信が集めていたコーヒーカップ

ません。天候や気温、湿度、焙煎の加減、お湯の温度、器の温め具合、果ては淹れる人の体調などによっても変わります。その差は微妙です。ときにはまったく別物になることもあります。

昌信が顔を出すのは決まって営業中。しかも抜き打ちです。開店前ならまだしも、お客様のいるときにふらりと現れて試されるのでその日の担当者は昌信の姿を見るまで落ち着かず、きょうは何を言われるかとビクビクしていたそうです。

そんな伏見店も一九七〇（昭和四十五）年、東区東新町の直営店「喫茶とコーヒー小売の店　和田珈琲店」（以下、東新町店）が誕生したのに伴って使命を終え、二十三年間の歴史に終止符を打ちました。

近隣オフィスのサロンであった東新町店

名古屋の繁華街、栄から東に向かって緩やかな坂を下った東新町周辺には中部日本放送（CBC）や東海ラジオ・東海テレビ、NHK、中部電力本店など、中心部とはやや趣きの異なる大手企業が集まっています。

その一角に一九七〇（昭和四五）年七月開業したのが東新町店です。借地の契約期間切れで退去を余儀なくされた伏見店の閉店に伴う措置でした。物件探しには信次が文字通り、東奔西走し、CBCに程近い錦通り沿いに店を構えました。四階建てのビルの一階

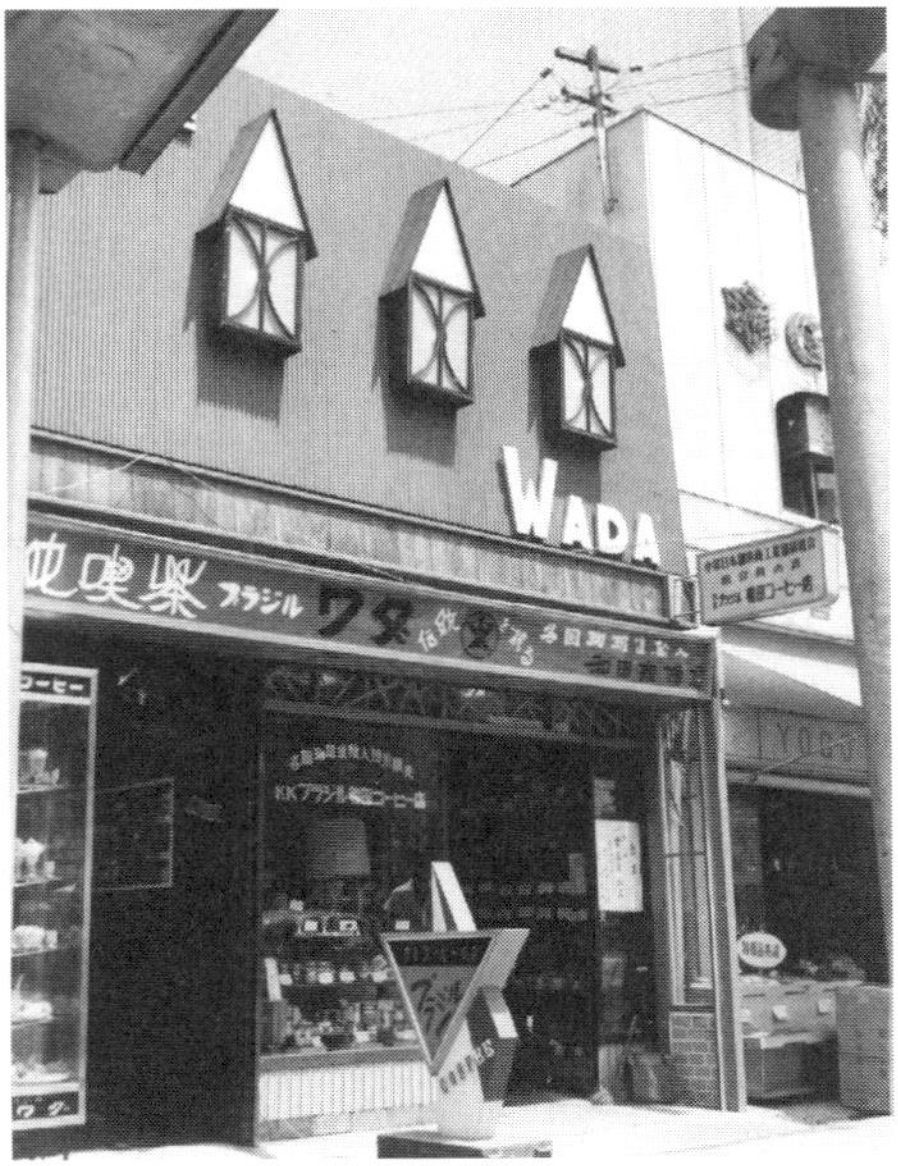

右上・1927(昭和2)年　開業当時の伏見店　左上・リニューアル後の伏見店
下・1970(昭和45)年　開店当初の和田珈琲店　東新町店(名古屋市　中区)

で、東南方向から斜めに入る造りです。店に入ると小売りの棚とカウンターがL字型に配されており、奥の壁一面にブラジル・コーヒー宣伝本部のポスターが張られていました。

店づくりにあたって昌次と信次が目指したのは「近隣のオフィス街の企業のサロンとして利用されること」でした。このため、ゆっくりとくつろいでもらえるように椅子はひじ掛け付きにしました。席数は約百席。後述するような理由で、メニューにはコーヒーだけでなく、軽食類も揃えました。

東新町店はもともと伏見店の代わりに出店したという経緯がありますが、他方では折からの喫茶店開業ブームに狙いを定めた研修施設の役割も担っていました。今日のインターネットのような便利な宣伝手段がない時代の営業は足で稼ぐしかありません。その実践として、昌次は特にJR中央線沿線のオーナー開拓に力を注ぎました。国道でいえば、ほぼ並行して走る19号線沿いです。競合社が少ないのが理由でした。

沿線で一軒でも繁盛店をつくれば、評判が評判を呼びます。いわば口コミ効果です。「和田さんに頼めばこまめに面倒を見てくれる」という噂が広まればしめたもの。信次と力を合わせてこのエリアの顧客獲得とその拡大に奔走しました。

二人の狙いはただ豆を卸すのではなく、喫茶店開業前後のさまざまなサポートを含めて店舗経営の一切の面倒を見る総合的なプロデュースに携わることでした。支援の一環として、二人は新規開店するオーナーのトレーニングに力を入れました。東新町店が研修施設の役割を担っていたのもそのためです。

創業者がホテルで学んだカレーを提供

東新町におけるトレーニングはおおむね、顧客の店のオープンに先立つ1カ月前と定められていました。毎日店頭に立って、焙煎した豆を挽き、淹れる作業を繰り返します。併せて、接客のコツを学びます。結果的に、東新町店で研修したオーナーは百五十人を超えました。いまだに本社を訪れてくれるオーナーもいらっしゃいます。オーナー同士の交流は現在も続いているようです。

顧客（オーナー）拡大に際して昌次が常に心がけていたのは「誠意をもって付き合う」ということでした。単なる取引先としてでなく、きちんと対応すれば生涯にわたってお付き合いできる。それが信用力となって、さらなるお付き合いを呼び込むという考えがあったからです。

前述したように、東新町店ではコーヒーばかりでなく、カレーライスやスパゲッティ、ピラフ、サンドイッチといった軽食も用意しました。オフィス街に近い立地のため、常連客が増えるのに伴ってランチメニューを求める声が高まったからです。これは、店舗オーナーのトレーニングを進める上でも有効でした。当時の最も人気のあったメニューはカレーライスでした。

創業者の昌信が名古屋に出てきて丁稚奉公した川出食料品店時代に納入先のホテルで教わったレシピの再現を試みました。出来合いのカレー粉を使うのではなく、さまざまな香辛料や小麦粉を炒るところから始める本格的なものです。ずんどう鍋を満たしたカレーはたちまちなくなります。東新町店のカレーはそれほど評判を呼びました。

しかし、サロンを意識したゆったりとした店内、小売部門を併設した店構え、軽食類を充実したメニュー構成、新規開店用のトレーニング施設としての機能など、同業他店とは一線を画する経営で順調に売り上げを伸ばした東新町店もついに幕を下ろす時を迎えました。オフィス街に近く、客層にも恵まれた立地がもたらした環境変化が引き金となりました。急速なモータリゼーションの進展で、郊外型の店舗は駐車場を備えていることが必要になりました。目に余る不法駐車を取り締まるために導入された監視員制度も追い打ちをかけました。

ところが、もともとビルのテナントとして入居している東新町店には自前の駐車スペースがありません。「豆を買っている間に駐禁の紙を貼られた」という苦情が相次ぐようになりました。近くまで通りかかりながら、車を停められないので、そのまま素通りされるお客様も増えてきました。そのころには周りに競合店も現れ始めました。

このころには、新規出店を考えるオーナーの役に立ちたいという初期の目的も果たしていました。常連客に支持された軽食類の提供も経理面から見ると売上高と人件費のバランスを考えると抜本的な見直しをしなければならなくなりました。こうして、東新町店は二〇〇一（平成十三）年十月、三十三年の歴史に終止符を打ちました。

昭和五十年代の和田珈琲店（東新町店）は満席が続き、にぎわっていた。
スタッフの制服は「蝶ネクタイ」がトレードマークだった

ロゴにあやかったグリーンカップ店

中区伏見の「伏見店」、東区東新町の「東新町店」。当社の直営店は出店地の名前を冠するのがしきたりでした。その原則を破ったのが一九七七（昭和五十二）年、名古屋市南区東浦通りに開店した「喫茶&レストラン　愛と憩いのカフェプラザ　グリーンカップ」です。

先行店の流儀で命名すれば、東浦店となっていたはずなのに、やや異質なカタカナ語にしたのは、開店を推進した信次の強い思い入れがあったからです。

「この店は、これまでの喫茶店とは一線を画したカフェレストランというまったく新しい姿を打ち出す。だから、店名にも会社の意気込みを思う存分注ぎ込みたい」

その表れがグリーンカップという呼称でした。グリーンカップは当社のロゴマークの色と形です。まさに、社運を託して新たな業態を訴えたかったのでしょう。

当時は小学生だったので詳しい事情は分かりませんが、

リニューアルした和田珈琲店　東新町店

喫茶の直営部門と同じように、南区の店を皮切りにグリーンカップの多店舗展開を目指す腹積もりだったようです。

グリーンカップは住居兼用の鉄筋コンクリート造りで、一階が店舗、二階が事務所、三階が信次の自宅というフロア構成でした。

出店地は名古屋市営地下鉄桜通線沿線で、現在、名古屋で最も成長し、人口が増えている地域の一つですが、当時は田んぼのど真ん中。社内でも「なんでこんなところに建てるんだろう」と首をかしげる社員が少なくなかったそうです。

周りが田んぼであるということは、やりようによっては自由に使える土地がたくさんあったということです。このため、都心部では考えられない三十台分の駐車スペースを確保しました。多めにとったのは駐車場不足が営業上の問題となっていた東新町店の反省によるものです。砂利を敷いて固めただけの簡素な駐車場は長い雨が降ればぬかるみ、乾けばえぐられた轍《わだち》が残るという厄介な代物でした。

それでも、開店の日の晴れがましさは子ども心に覚えています。小学校六年のころでした。八月の暑い最中でしたが、朝早くから足を運んでくれたお客様に配る粗品を手渡す手伝いをしました。大人用は素麺鉢、子ども用はプラモデルだったと記憶しています。

これまでにない業態の多店舗化を目指す。そのためには店名の付け方も変えるなど、夢のある店舗として世に問うたグリーンカップでしたが、主にアクセスの悪さが災いし、当時の経営陣は軌道に乗せらないまま、撤退を決めました。

店としての発想や着眼は良かったのですが、時代が早すぎたのだと思います。新たな業態開発の拠点と位置づけていた当初の意気込みを考えれば、苦渋の決断であったはずです。かつての店舗部分は南営業所としてリニューアルし、新たな使命を帯びているのはすでに見てきた通りです。

純喫茶の高級版を目指す「季楽」を開業

ワダコーヒーは二〇〇七（平成十九）年、愛知県東海市に「和田珈琲店　季楽」を開店し、久しぶりに直営事業を再開しました。この店は、これから喫茶店を開業しようと考えている人にとってのモデル店という使命を帯びています。かつて東新町店が担った役割を再現したものです。

「季楽」のコンセプトを簡単にいえば「純喫茶の高級版」。一般のお客様はもとより、経営者の視点で喫茶店を見ている人に参考になるような店づくりやサービス、品揃えなどを提案する実験店でもあります。

当社はもともとコーヒー豆の卸しばかりでなく、お客様志向の一環として早くから直営喫茶部門を手がけてきました。ですから、「季楽」を展開するのはごく自然なことなのです。にもかかわらず、東新町店を閉じて以来の直営に乗り出すことになったのはなぜか。

背景には業界の大きな構造変化があります。当社の事業の九〇％は喫茶店を対象とするコーヒー豆の卸しです。現在のお得意様は約三百店を数えます。

しかし、昨今、古くからお付き合いのある経営者が高齢となり、事業規模を小さくしたり、廃業したりするケースが増えてきました。経営者が引退してもその後を継ぐ人がいないからです。どんな世界にもある後継者難はこの業界にも影を落としているのです。実際、ここ数年、取引先の数は緩やかに少なくなってきています。私が入社したのはバブル景気が明けたころでした。当時からうすうす感じていた変調はいよいよ数字面にも表れるようになり、先行きの不安を覚えるようになりました。出口のないトンネルの中に引きずり込まれそうな気配です。取引先の減少は間違いなく経営に響きます。

その一方で、地方の喫茶店では店構えや店内の雰囲気、メニューなどで高級化志向を取るところが増えてきました。画一的なチェーン展開で店舗数を増やしているフランチャイズ店をグレードアップしたような店がいくつか台頭してきたのです。それらはおしなべて活気に満ちていました。

「季楽」の展開を考えていた当時、名古屋で多店舗化を図っているのはコメダ珈琲店（以下、コメダ）や支留比亜（シルビア）くらいでした。そういう店は着実に増えているのに、当社が顧客にしたい個人店は伸び悩んでいる状態です。

それならば、当社自身が当社の味を広げるためのアクションを起こすべきではないか。「季楽」のプロジェクトはこうして芽生えました。

実態を探るため、全国を巡りました。四国の徳島では街中でもないのににぎわっている店を目の当たりにしました。自社で手がける以上、確固たるコンセプトを打ち出し、喫茶店を開業する人に役立つ店にしなければなりません。歩けば歩くほど、迷路に入り込むような焦りを覚えました。

「季楽」に込めた四季折々の移ろい

これからのワダコーヒーを代表するような喫茶店をつくろうと考えてから一年あまり。愛知県内の十カ所ほどの土地や物件を見て回り、最終的に東海市の現在地を選びました。東海市は新日鉄や愛知製鋼などの大企業が巨大な工場を構えている半面、緑の多い土地柄でもあります。

実際、「季楽」が建っている場所はもともと蕗畑《ふき》でした。店の周りは住宅街で近くには大手ショッピングセンターや公共施設、学校などが点在しています。生活道路も整っています。

直感的に「ここだ」と思いました。同業はコメダとU

四季折々の移ろいを感じられる自然豊かなアプローチを抜けてエントランスに向かう季楽

天井から壁面、床に至る調和を意識し、素材感や落ち着いた色調などで「和」のテイストを打ち出した店内

CC系の「珈蔵《かくら》」だけ。当社なりの個性を出せば共存できるはずです。店のコンセプトは「コーヒーを楽しみながら、ゆったりと過ごしていただけるスペース」としました。

この考えに沿って、店内の空間をできるだけ広くとり、コーヒーはハンドドリップで供することにしました。あくまでもコーヒーを楽しんでいただきたいので、食べ物はパンとケーキに絞りました。この地区の喫茶店の「マストアイテム」であるモーニングセットも用意しましたが、コーヒーがメインなので、有料での提供です。

メニューも一工夫しました。いつ来ても変わらない味を提供するのは一つの考え方ですが、来るたびに少しずつ印象の異なる味を提供するのもお客様とのコミュニケーションを深める方法ではないかと思ったのです。

こうして、季節に応じてストレートコーヒーの品揃えを少しずつ変えることにしました。どの季節にどんなコーヒーを揃えるかは専務の英希が担当します。

メインアイテムのコーヒーだけでなく、パンのメニューやデザートのメニューも季節ごとに変えて、四季折々の移ろいを目でも舌でも感じられるようにしたのです。まさに、季節を楽しむという意味合いを込めた店名を地でいくようなものです。

ちなみに、「季楽」という店名に季節を楽しむという意味を込めたのはどちらかというと後付けの理由で、そもそもは本社一階のコーヒー豆小売部を改装したことに端を発しています。

前章で触れたように、小売部はショールーム機能を持ち、月に一度、コーヒー豆や冷凍食品などの特売を行っていました。しかし、せっかく通りに面していながら、本社の顔としては少し寂しい印象だったので思い切ってリニューアルすることにしたのです。その際の店舗名称が「香琲豆屋　珈楽《からく》本店」でした。カラクの次だからキラク。いささか安易な発想ですが、ひとまずカ行で攻めることにしました。

カ、キと続けば、当然その次はクとなるのですが、さすがに「苦楽」では収まりが悪い。そこでクで始まる言葉で座りの良い言葉選びが始まりました。

直営第二号の「久音」を豊明に出店

クの音すなわちク音で始まる店名に知恵を絞っていたとき、そのまま「クオン」で通る言葉があるのに気づきました。「久遠」です。もともとは未来永劫を表す仏教用語です。確かに、事業が永遠に続くという意味では縁起の良い言葉です。しかし、客商売である以上、遠いというイメージは避けたい。そこで「遠」を「音」に変え、同じ発音のできる「久音」という店名にすることにしました。シ～ンとした店内よりも、多少ざわめきのあるほうが活気が感じられるので「音」という字を当てたのは良かったと思っています。

こうして、新たな店舗戦略に沿って、「季楽」に次ぐ直営第二号となったのが二〇一三(平成二十五)年、愛知県豊明市に開いた「和田珈琲店　久音」です。一号店の「季楽」が土地の手当てやら建物の設計、運営まで何もかもゼロからのスタートであったのに対し、

「久音」はマンガ喫茶だった物件を活用する方法で臨みました。いわゆる居抜きの商売です。

初めから「季楽」とは違うコンセプトの店を目指していたので、立地や雰囲気、メニューなども意識的に変えた店づくりをしました。店の周辺は住宅地で、学校や駅にも程近い立地です。その点では「季楽」と似た環境でしたが、「季楽」よりもカジュアルな雰囲気を打ち出しました。また、極力、リーズナブルな店づくりに努めました。居抜き物件にしたのも初期投資を抑える狙いがあります。

ただし、決して安っぽい店にならないように注意を払いました。私たちの目指すのはコストのかからない店であって、お客様に対するサービスをおろそかにする店ではないからです。コストを抑えた店づくりはこの後に続く店舗展開に生かすため、この店ではさまざまな試行錯誤を重ねました。

「季楽」の取り組みや実績を踏まえて準備した事柄がまったく外れることもありました。開店にあたって、

「カジュアルな雰囲気でコーヒーを楽しんでいただくこと」をコンセプトとして打ち出した久音

メニューは「季楽」と同じものを用意したのですが、私たちの思惑通りには受け入れられませんでした。誤解を恐れずに言えば、お客様の求めるスピード感が違うのです。

例えば、コーヒーは当初、「季楽」と同じように注文を受けてから一杯ずつハンドドリップで淹れていたのですが、それでは間に合わない。要するに、着席したらすぐに飲みたいというご希望が強いのです。お客様が満足される尺度はいつでもどこでも同じではありません。そこで、待ち時間を短縮するためにコーヒーメーカーで淹れる方式に改めました。

半面、「季楽」では有料で提供していたモーニングセットについてはサービスで付けることにしました。しかも、ランチが始まるまでの時間だけでなく、一日中、注文できるようにしました。地元出身の社員の発案です。近隣の同業店のどこも行っていないサービスだったので、たちまち話題になりました。

「オールタイムモーニング」は添えられるパンの種類や付け合わせの小鉢の組み合わせによる15種類から選ぶことができ、「久音」の目玉サービスとして認知されています。

先行きのブランド展開に役立てたい

「久音」の展開はリーズナブルなカジュアルラインの店をどう運営していくかという壮大な実験の場となりました。また、そこで働く従業員にとっても実践的な訓練の場となったはずです。しかし、地域から愛される店として地域のお客様になじんでいただくのには一年かかりました。

いささか手前味噌になりますが、最終的に受け入れられたのは、お客様に喜ばれるために何をどのようにすればよいのか、その時々の店長を中心に、みんなで考えて考えて考え抜いたことが一つずつ実を結んだためではないかと思います。

しかし、この店で成功したから他の店で同じ結果が得られるとは限りません。要するに、正解はありません。その点がお客様相手の商売の難しいところです。

この店で力を入れたリーズナブルな運営のノウハウも着実に蓄えられつつあります。お客様には好評なオールタイムモーニングも経営的な立場で冷静に見れば客単価を下げる要因になります。そこで、ランチメニューを充実させることで利益のバランスを保てるようにしました。

「久音」ではお昼時になるとパスタランチを提供しています。日替わり、週替わり、月替わりの三種類から選べます。「季楽」にはないメニューで、オールタイムモーニングと並ぶ目玉になっています。

「季楽」は私が専務時代、「久音」は社長になってから立ち上げたカフェ・喫茶店運営事業の一環ですが、期せずして、今後の店舗展開のモデル店ともなりました。

落ち着いた雰囲気の中でゆったりと過ごしてもらえることを狙った「季楽」。カジュアルな雰囲気の中で自分の時間を楽しんでもらうことを目指した「久音」――。

今後はいたずらに店舗の種類を増やすのではなく、両者の店づくりに磨きをかけて、それぞれの二号店、三号店を整えていきたいと考えています。

乱暴な言い方をすれば資金を惜しまなければ、店舗を増やすことは可能です。しかし、その器に見合う人材、あるいはうまく切り盛りできる人材は一朝一夕に確保できるものではありません。肝心なのはそういう人を育むこと。それが先決でしょう。

振り返れば、「季楽」を開業したころは私と本社の幹部社員が先頭に立ちながら、スタッフをＯＪＴで当社流に育てていきました。スタッフのほとんどは学生時代に飲食店でアルバイトを経験していたので外食産業の基礎ができています。ですから、いちいち教えなくても店を支障なく回すことができました。

ところが、最近の応募者は外食関係で勤務したことのない人が珍しくありません。しかし、それはお客様には関係のないことです。なにかミスがあっても「経験不足なので大目に見てください」という言い訳は通りません。それだけに、標準的な作業が無理なくできるようにする教育が問われます。たかが二店、されど二店の運営ですが、実に多くのことを学ばせてもらいました。

接客業はスタッフが命。お客様に満足してもらえるようなサービスが誰でも同じ水準でできるように努めている

COLUMN
04

コーヒーと和菓子のペアリング

私の母方の親戚に元禄年間に創業した和菓子屋「川口屋」がある。名古屋市随一の繁華街、中区錦のど真ん中に店を構える老舗である。この店が季節ごとに提案するお菓子を食べるのが楽しみであった。正月は花びら餅や椿餅、春は桜餅や花見団子、端午の節句はちまきに柏餅、夏は水羊羹にわらびもち、秋は栗きんとんなどなど。焼き菓子の「葵もち」は餡とごまの風味の調和が絶妙だ。

和菓子に使われている原材料の豆や砂糖にはたくさんの種類がある。その組み合わせで芸術的な姿のお菓子が出来上がる。和菓子といえば誰でも「抹茶」を思い浮かべるが、コーヒーも良く合う。繊細な上生菓子には焙煎の軽いソフトなコーヒー、どら焼きや羊羹など、庶民的なお菓子には焙煎の少し濃い、マイルドなコーヒーとの相性が良い。

当社はコーヒーと和菓子の組み合わせに狙い定めて「珈琲カステラ」と「珈琲どら焼き」を開発した。どちらも好評なことから、次回は「珈琲大福」の開発を進めている。

川口屋
住　所　愛知県名古屋市中区錦 3-13-12
ＴＥＬ　052-971-3389　　定休日　日祝・第４土曜日

第五章

仕掛け人としてのワダコーヒー

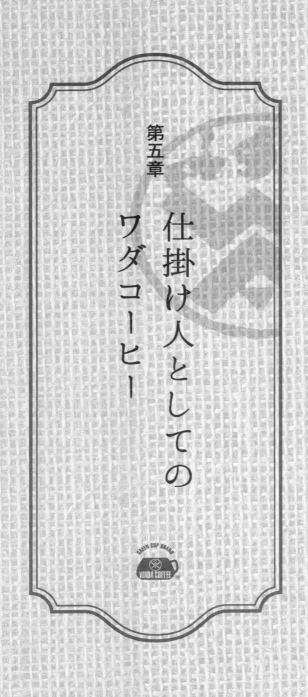

東日本大震災の翌日にインドネシアへ

ワダコーヒーの主要事業である卸商、外食産業に次ぐ店舗プロデュース面での取り組みをご紹介します。

名古屋地区に本拠を置く同業者の任意の集まりである珈昇倶楽部が「名古屋コーヒー勉強会」という情報交換の場を設けていたのはすでに触れた通りです。

この勉強会は次代を担う若手経営者を教育する場でもありました。参画する会社にはそれぞれの人材教育手法があるので、他社があれこれと口出しすることは許されません。しかし、業界全体に関わることは単独社よりもむしろ、志を同じくする会社が一緒に学んだほうが得策だし、情報共有で得られる利点が多いはずです。

一方で互いに厳しいビジネスの場に身を置きながら、他方で同業者ならではの腹を割った話ができるのは会社の垣根を越え、他社の考え方を知る上での大きな収穫でした。

その意味で、月に一度の実践的な勉強会は刺激に満ちていました。現在、当社がお取引をさせていただいているお得意様や、将来喫茶店を開業したいと考えている人たちに対してさまざまなアドバイスができるのも、そうした蓄積があるからです。

この勉強会と前後して、コーヒー豆の生産国に足を運び、それがどのように育てられ、収穫され、輸出されて日本に来るのかということをつぶさに学ぶ機会を得ました。

そもそものきっかけは勉強会を支援してくださる石光商事の森本茂相談役が名古屋支

店勤務の時代に当社の担当であったことから始まります。社長になっても年に何回かは名古屋で顔を会わせる機会がありました。当社ばかりでなく、珈昇倶楽部の面々も同席しました。

その集まりの中で、私は最年少。他の参加者に比べ一回り以上若い社長でした。当然のことながら他の社長は仕事でブラジルやインドネシア、アフリカ各国など世界を代表する生産地に足を運んだ経験があります。

それにひきかえ、私は米国やイタリアなど、消費地に行ったことはあるものの生産国は未経験。「それなら一緒にいきましょう」ということになり、インドネシア視察ツアーの話がまとまりました。二〇一一年一月に開かれた賀詞交歓会でのことです。

日程は三月十二日からの四泊五日。石光商事のアテンドで、イトウ珈琲商会、共和コーヒー店、当社の三社が参加しました。もちろん、出発日の前日に東日本が未曾有の大震災に見舞われることになるなど、誰一人として予測できませんでした。

コーヒー豆の一粒一粒が給料になる

幸い、関係者に震災の被害者はなく、ツアーの催行にも支障がなかったので視察ツアーは予定通り行われました。

インドネシアではロブスタという種類のコーヒー豆が中心に栽培されています。ロブ

カネフォラ（ロブスタ）種のコーヒーの花

産量ではインドネシアが一番です。とはいえ、栽培規模はさほど広くないので摘み取りはほとんどが手仕事。機械を積極的に導入し、工業化されているブラジルとは対照的です。

ハワイのコナは米国にとって純国産種にあたるため、高値で取引される品種です。その状況視察ツアーには英希が参加しました。インドネシア視察の翌年、二〇一二年十一月のことです。全日本コーヒー商工組合連合会が主催する四泊六日の旅程で三十人が参加しました。

英希によると、回った農園は六〜七カ所。日系人が携っていた所もあったそうです。観光地の中にあるので道路も整備されていて、一般観光客の見学も可能。現地までのアクセスも環境もインドネシアとは大違いです。

「ジャングルのような所かと思ったけど、意外にきちんと整備されているのに驚いた。そんなに高い場所でなくても気候や風土次第で独特の個性が表れることを実感した」

英希の率直な印象です。たまたまなっていた実を噛むと桃のような甘みと瑞々しさが口に広がるのを感じたそうです。

「まるで、果物」。私がコーヒーを農産物と捉えたように、英希にはその甘さがフルーツを連想させたようです。

当社でのハワイ・コナの扱いは全体の一〜二%前後。「香琲豆屋」における一〇〇グラムあたりの単価はブレンド品の倍近くと割高です。ですから、通常は置いていません。

喫茶店は誰からも愛される職業

直営店を展開する醍醐味の一つはお客様からのダイレクトな手応えを感じられることです。それは、この仕事ならではのやりがいにも通じると思います。

従業員として、自分の店に来たいと思っていただくこと、職種によっては自分のつくったものに対して「おいしい」とか「ごちそうさま」とかの言葉をかけてもらえることは何よりの励みになるはずです。

お客様とのこのような心の通い合いは役所や一般企業にはない喜びでしょう。

もともとは卸のお得意様の減少傾向に歯止めをかけ、専業者として喫茶店の経営ノウハウをコンサルティングすることを狙いとして始めた直営店事業ですが、これまでに得られた手応えは少なくありません。

「季楽」の出店から十年を経て実感したのは、旧来の古き良きタイプの喫茶店は廃《すた》れる業種ではないということです。「季楽」の出店を考えていたころはスターバックスやタリーズ、ドトールなど、シアトル系と称される新たな勢力が台頭した時期です。

流通も、サービスも、店構えも違うそれらがあちこちに出てきたことで、一時、昔ながらの喫茶店は衰退し、斜陽産業になるとまで言われました。しかし、実際は新たな顧客を獲得し、新旧勢力が棲み分けているように思います。

例えば、「季楽」が出店して評判になったころ、ピーク時には着席するのに三十〜四十分待ちということは珍しくありませんでした。着席したらしたで、注文した商品が出るのにもう少しかかったこともあります。それくらい目の回る忙しさでした。

しかし、それでも、お客様に怒られたり、苦情を言われたりすることはありませんでした。「あそこは待たされるから行かないほうがいいよ」というネガティブな口コミが広がることもありませんでした。

それどころか、逆に「おいしかった」「ありがとう」「ごちそうさま」という感謝の言葉をいただきました。その様子を見て、喫茶店は「誰からも愛される職業なんだ」と改めて思いました。

二つの直営店を成功させ、その後に続く店をじっくり増やしていこうという気持ちの原点はその思いにあります。

「あなたはいい人生を送れる」

奇遇というのか、巡り会わせというのか分かりませんが、当社が創業一〇〇周年となる二〇一八（平成三十）年、私は満五十歳になります。会社の年齢のちょうど半分の節目となるわけです。

そのこと自体に大きな意味はありませんが、古来、日本人は一〇とか五〇とか一〇〇とかの区切りを重視してきたので、この偶然を大切にしたいと思います。

兄弟で前後して地域も品種も異なる生産地に足を運んだのは大きな収穫でした。これまで麻袋から出てくる姿でしか知らなかったコーヒー豆にそれが栽培されている生の状態で触れることができたからです。

さらに、それが育っている農園の土の具合や風の温かさ、働く人たちの様子まで確かめることができて、当社の扱う商品に改めて誇りと責任を持ちました。機会があれば、他の社員にもぜひ、経験してもらいたいと思っています。

「世界コーヒーの旅」を企画

石光商事とは勉強会やツアーばかりでなく、さまざまな企画を立ち上げました。それぞれが商品開発や新規顧客の掘り起こしなどにつながっています。

そのような取り組みの一つにお得意様を対象とした「世界コーヒーの旅」という仕掛けがあります。それは、入社してから来る日も来る日もお得意様回りと商品配達に明け暮れていた私に訪れた転機でした。

東京から帰ってきて三年目を迎えようとしていたころです。役職が先か、すべき仕事が先か、今ははっきり覚えていませんが、外回りに一区切りをつけたところで「企画室長」を拝命しました。当社の規模では大層な呼称だと思いましたが、要するに儲かるための手立てを考えよということです。

それまでにも、配達の途中でハンドルを握りながら、いくつかのアイデアを考えていたし、お得意様との雑談で印象に残る内容を書き留めていたので、叩き台に乗せる材料はありました。

そのうちの一つが「世界コーヒーの旅」というキャンペーンでした。

仕事とは関係なく、一人の客として喫茶店に入ると、コーヒーを注文する人の大半は「ブレンド」か「アメリカン」を頼みます。しかし、世界中にはもっとももっとたくさんの種類があります。それなのになぜ、ブレンドとアメリカンしか注文されないのか。

それは注文するお客様のせいではなく、それしか用意できない店（お得意様）の問題です。もっとたくさんのメニューを揃えれば選択肢が増えるのに、初めから絞り込むのでお客様は選びようがないのです。

しかし、よく考えれば店側の勉強不足だけが原因ではありません。たくさんの情報や商品をもっていながら、それを適切に伝えてこなかった当社にも責任の一端があります。

そこで、世界のさまざまなコーヒーを紹介することに力を入れることにしました。店側に興味をもってもらえば新たな需要開拓にもつながると踏んだのです。商品に関わることなので小売担当の英希を責任者に据え、石光商事の知恵を借りながら、案を練り上げました。

最初のキャンペーンは秋から打つことにしました。第一の理由は十月一日が「コーヒーの日」であることです。第二に、コーヒーが一番おいしく感じられるのは秋から冬にかけて。第三に、当社の事業年度が秋に始まるからです。

当初は毎月商品を入れ替える計画でした。しかし、豆の種類を頻繁に変えるのは結構手間がかかります。また相手は喫茶店なので、提案した豆が最終消費者に認められ、注文されるという形で根付くまでには相当時間がかかります。店によっては前回分の豆が消化し切れていないことも考えられます。

「世界コーヒーの旅」はこうして、毎年十月に始まる当社の定例イベントとして定着しました。

活気あふれる国情に触れたタイ研修

二〇一六（平成二十八）年二月初旬、石光商事株式会社の森本茂相談役のアテンドにより、四日間の日程で初めてのタイ研修に行ってきました。

現在のタイはかつての日本のように経済成長が著しく、所得も伸びています。これに伴って「おいしいコーヒー

タイ王国の財団ドイトゥン開発プロジェクトのコーヒー農園にて

を飲みたい」という消費者が増えてきています。

　現地では、石光商事が関わっているタイ王国メーファールアン財団の「ドイトゥン開発プロジェクト」を視察。その中心となるタイ北部・チェンライのドイトゥンコーヒー研究農場を訪ねました。ここでは、どのようにしたらよいコーヒー豆を効率的に生育・収穫できるのかを確かめるために急な斜面にコーヒーの苗を植え日光を浴びやすくしたり、コーヒーの木をどれくらいの間隔で植えたらいいのかなどを研究したりしていました。

　夜はゲストハウスに宿泊させていただきましたが、異常気象のせいか猛烈な寒気に見舞われました。タイにいるにもかかわらず、信じられぬ寒さに耐えかねて、たき火をして暖を取ったのを覚えています。

　首都のバンコク市内は日本の大都市と同じくらい発展していて、高層ビルや交通網、ショッピングセンターなどの施設はどれをとっても名古屋をしのぐほどでした。

　滞在中には自家焙煎店から業容を拡大し、スーパーやショッピングセンターに商品を卸したり、直営店を運営

タイ　北部アカ村でのコーヒー豆の買い付けに遭遇

したりしている会社のオーナーにお会いすることができました。同じ業界に関わるものとして、とても刺激的なひとときでした。

昨今では、名古屋でもタイをはじめとする東南アジアの食文化を提供するお店が増えつつあります。その食生活の中にコーヒーを提案できるよう、ワダコーヒーも東南アジアのコーヒーの種類を増やしていきたいと願っています。

コーヒーカッピング（香りや味を評価）

COLUMN
05

海外研修を通して感じたコーヒーの真価

「所変われば品変わる」という言葉がある。「郷に入っては郷に従え」という言葉もある。どちらも、海外旅行で実感する思いだろう。私が初めて海外に行ったのは19歳の時。辻製菓専門学校の研修旅行でドイツ、フランス、オーストリアを10日間で巡った。パスポートも空港も飛行機も初めてづくし。先生について、フランスで提携しているレストランやケーキ店、洋菓子店などを訪ねた。

名古屋に戻ってきてからはハンガリー、韓国、台湾、香港、イタリア、アメリカ（ロサンゼルス、サンフランシスコ、グアム）、インドネシア、タイなどに足跡を残してきた。各国探訪を通じて感じたのは国や地域が違っても、それぞれの風土や気候に合わせた固有の「食習慣」があり、そこには必ず、それに合う「コーヒー」があるということだ。

ワダコーヒーとゆかりのあるブラジルに父と叔父は足を運んでいるが、一世代下の私と弟は行ったことがない。遠からず訪問したいと思っている。

タイ　The Coffee Bean roasting Co. 新工場
最新の焙煎機や包装機が数多く設置してあった

第六章

新しいワダコーヒー

一年の約束が五年に延びた初代店長

人材の確保と育成は社長に就任して以来、最も頭を痛めた問題です。私が面接して採用したアルバイトやパートの人たちはなぜか長続きしません。ちょっと筋がいいなと期待してもなぜか辞めてしまう。研修中にもかかわらず、縁がなくなった人もいます。

一世代前の昌次や信次が採用した社員はほとんど辞めず、今でもベテランとして活躍しています。もちろん、彼らが採用した人でも独立したいからという理由で「卒業」した人がいます。そういう明快な理由がなく会社を去る人が増えたのは非常に残念なことだと思います。

考えてみると、本社であれ、直営店であれ、配属された職場の仕事にやりがいを感じるかどうか、当社の理念を理解しているかどうかが分かれ道になるような気がします。やりがいも理念の理解も働くことに対する原動力になるからです。

例えば、主力事業の卸部門は全盛期に比べると取り巻く環境が大きく変わっています。私が生まれたころからお付き合いしているお得意様の経営者はどんどん高齢化していきます。転廃業するお得意様も増えています。

このような動きにどう対応するかは経営上の大きな課題です。人材の確保と育成という問題も、こうした業界の変化と無関係ではないはずです。業界として魅力を感じられるか、そこに身を置く価値があるか。そして何より、その仕事に生きがいを見つけられるかどうか。私たち経営者はその答を迫られている気がします。

そのヒントは私が専務時代に手がけた「季楽」の採用をめぐる苦労にあります。十周年を迎えた「季楽」はおかげさまで東海市内で親しまれ、名の通る喫茶店として認められるようになりました。ただし、そうなるまでに歴代の店長は随分苦戦したと思います。

面接時に話を聞いてみると、喫茶店の経験者が少ないのです。多少経験があるという人でもファミリーレストランのホール担当をしたことがあるというくらい。

本当にコーヒーが好きで好きで喫茶店に勤めたいという人を探すのは当社の一方的な理想でしょう。働く側からすれば、喫茶店にこだわる必要はまったくありません。勤務の時間や場所や待遇などがたまたまその人の都合にあっただけという志望理由もあったでしょう。

仕方のない話ですが、志望するすべての人が喫茶店経営を目指しているわけではありません。ですから、開店当初から現場で見てきた私の経験を話し、そのノウハウ

を伝えようとしても結局乗り越えられなくて辞めていく人を何人も見てきました。

「季楽」は私がオーナー兼パティシエ、本社の直営店担当が店長という役割分担でした。構想では一年目に採用し、育てた人を店長に抜擢し、直営店担当は本社に戻るという計画でした。

ところが前述のように、当社としては不可解な理由で辞める人が相次ぎます。途方に暮れました。この経験を通じて、店の理想とは別に、さまざまな点でハードルを下げないとついてきてもらえないということを悟りました。

そこで、スタッフの育成については急がず、あせらず、ゆっくり臨んでいこうと店長と話し合いました。最初一年だけの約束で本社を外れ、店長になった担当者は結局、五年間も店を預かることになりました。

人の力を超えた世界の話をすれば、入社前に過ごしていた東京で、ある日あるとき、占い師に将来を見てもらったことがあります。占いにはさまざまな種類や流儀があるそうですが、そのときはコンピュータ占いというのを試しました。その名のとおり、名前や生年月日をキーボードで入力するというものです。

なんだか軽い感じがして、半信半疑でしたが、そのときは「この先いろいろあるけれど、あなたはいい人生を送れる」と予言されました。確かに、それまでも、それからも大病したり、面倒な事件に巻き込まれたことはありません。

この占いを信じるか信じないかはさておき「自分が頑張れば、それなりの人生を送れるのだろう」と思うようになりました。たとえ、一時苦しくても、それを乗り越えれば未来がある。そう思えば気が楽です。B型のなせる業でしょうか。楽天的とか成り行き任せとかではなく、世の中の大きな流れに寄り添いながら生きていけばいいのではないかと思います。

経営者は孤独だ、と言われる意味が最近、少しずつ分かってきたような気がします。最後の最後は自分で決断しなければならない。それは誰にも頼ることができないという意味だと思います。

だからこそ、愚痴を言いたいときには高校時代の部活の仲間や小学校時代の集団登校で一緒にサンモリッツの工場を覗いた幼なじみたちと食べたり飲んだりして、遠慮のない会話を楽しむようにしています。ＳＮＳ（ソーシャル・ネットワーキング・サービス）のフェイスブックを通じて思わぬ再会をしたこともあります。

B型は感情の振れ幅が激しいせいか、社長になってから、辞める手前までストレスを抱え込んだことがあります。

すでに何度か触れているように、お得意様の経営者の高齢化に伴って、主力の卸売りで目に見えて売り上げが減少したことがありました。店主が続けて辞めたり引退したりするのです。

社内に目を転じれば、直営店の採用が思うように進みません。このままだと店がなくなるという危機感に捉われたのも一度や二度ではありません。今だから明かせる話です。実際、すべてを投げ出したら楽になるだろうなとも思いました。

しかし、いまだに投げ出さず、むしろ、多店舗展開に知恵を絞っています。なぜ、投げ出さなかったのか。簡単なことですが、社員の存在がそんな無責任な考えを思いとどまらせてくれたのです。決してきれいごとではありません。

単純に、私がいなくなると、これまでしていたすべてのことは英希が背負うことになります。それに応じて、社員も相応の負担を強いられるでしょう。だから、自分のことだけでなく、社員と、その家族のことを考えました。そんな自分が救われたのは、東京時代に言われた占いの言葉でした。

「あなたはいい人生を送れる」という前向きな助言は、座右の銘のように、胸に刻んでいます。そして、気持ちが弱くなりそうなときにつぶやいて、自らを励ましています。

kiraku
創業一九一八
珈琲を愛し続ける
ワダコーヒーの
想いをカタチに。
季楽は、ワダコーヒー株式会社の直営店です。
Colorado
WADA COFFEE
KKブラジル 和田珈琲店
ブラジル

コーヒー豆の需要はさらに伸びる

この本の冒頭でも触れましたが、喫茶店の世界では現在、サードウエーブ（第3の波）と呼ばれる新たな流れが注目されています。一杯ずつ丁寧に淹れるハンドドリップを特徴とするスタイルです。

喫茶店を営む人たちの高齢化に伴うお得意様の減少を余儀なくされている当社にとって、こうした流れは心強いものです。コンビニエンスストア各社が競って投入しているレジ周りのレギュラーコーヒー展開もコーヒー需要を伸ばす追い風になっています。

二〇一五（平成二十七）年五月には、国立がん研究センターが発表した「コーヒーを毎日飲む人は死亡率が下がる」という研究成果が話題となりました。

それによると、なんらかの原因で亡くなるリスクを比べたとき、コーヒーをほとんど飲まない人を1とすると、毎日三～四杯飲む人は0・76でした。言い換えれば、コーヒーを飲めば病気で亡くなる率が三割ほど低いということです。

死因別では心臓病や脳卒中、肺炎などでコーヒーを飲む人の死亡率が下がっています。こういう社会的な話題もコーヒーそのものやそれを

飲む習慣に対する認識を改めさせるのに十分な効果をもたらしました。

一連の動きはコーヒー需要すなわち、コーヒー豆の需要をさらに伸ばす余地があることを示しています。

実際、スーパーの売り場や当社の小売部などで銘柄を指定して購入する消費者も増えてきました。好みの豆を買って自分で抽出したり、機械にこだわったりすることを楽しむ人たちの輪も広がりつつあります。フェイスブックにもコーヒー好きが集まる千人規模のサークルがあります。

こうしてみると、コーヒーを取り巻く環境は必ずしも悲観的でないように思います。コーヒー豆の需要をみても、全体的には伸びています。

しかし、その内訳をみると、大手チェーン系の店やコンビニ系が急増している半面、当社がお付き合いしてきた旧来の喫茶店が伸び悩んでいます。

これから開業しようとする人が商業的に成功しようとすれば、ただコーヒーが好きだからというだけでは成り立たない環境になっているということです。ですから、よほどの計画性がないと長くは続かないでしょう。

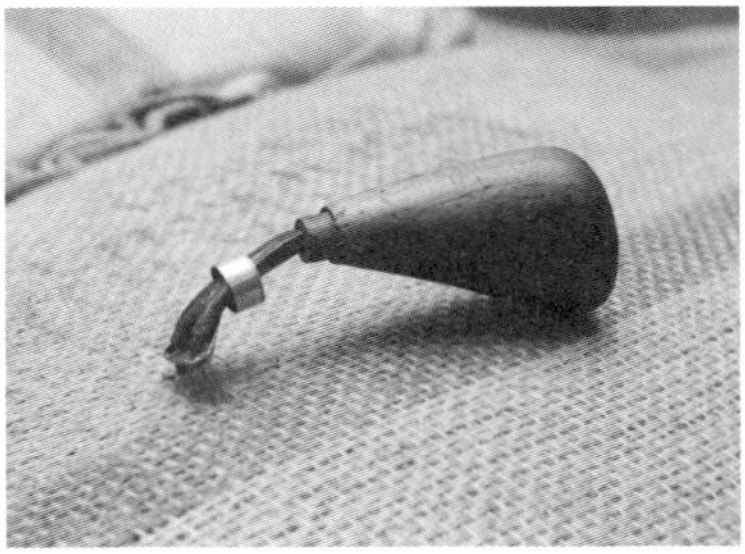

その意味で、喫茶店の成否と当社の未来は重なります。すなわち、地域に根付いた店づくりの提案を継続的にしていくことがお得意様である喫茶店の存続につながると思います。

お得意様にとって有益な提案をどこまでしていけるか。それは当社の命運をかけた闘いでもあります。当社が直営部門の試行錯誤を続け、その過程で得た良い成果を惜しみなくお得意様に提案する狙いもその点にあります。

介護に着目した新たな取り組み

山梨県から名古屋に出てきた和田昌信が興した「和田珈琲店」の開業から数えて一世紀の足取りを辿る紙上の旅もようやく終点に近づきつつあります。

コーヒーをめぐる環境は昨今、大きく様変わりしました。個々の事例はこれまでの章で断片的に触れてきた通りです。

昌信はかつて「コーヒーがやがて日本の大衆に親しまれ、第二のお茶として受け入れられる時代が来る」と信じて当社を立ち上げました。その読み通り、コーヒーは今日「第二のお茶」として広く受け入れられています。

コーヒーの普及を生涯の目的として昌信が創業したころとは異なり、現在はたくさんの商品や店舗から選んでもらう時代になりました。

あふれる商品や店舗の中から選んでもらうためには「これがワダコーヒーだ」といえる商品やサービスを知っていただくことが欠かせません。

私が専務時代から手がけている直営店の展開やオリジナル商品の開発、各種展示会への参加、外部とのさまざまなコラボレーションなどを積極的に進めている狙いも認知度をより高める活動の一環です。

創業一〇〇周年を契機とする取り組みの中で、今後の新たなワダコーヒーを印象付けるのではないかと思われる戦略を三つ紹介しましょう。

第一は新たなルート開発です。当社の名前やロゴマークを知っている中心層は概ね五十代以上です。その方たちの多くはデイサービスやデイケアなどの介護施設を利用しています。そこで、こうした施設での普及・拡大に力を入れることにしました。

すでに四年ほど前から、ある介護施設に機械と豆を置かせてもらっています。ただ、さまざまな制約があるので、今後は行政と連携し、市や区などが関わるイベントに参加していきたいと考えています。

行政は遊休施設の活用策として、時代の流れに取り残された空き店舗などをコミュニティスペースに転用し、地域の活性化につなげようとしています。こうした動きを捉えて、当社のビジネスにつなげていくのも一法ではないかと思います。

そもそも、高齢者層に目を向けたのは昼間の街中《まちなか》の喫茶店客の大部分がこの層の人たちで占められていることでした。それを裏付けるように、年金が支給される偶数月はコーヒーチケットの売り上げが跳ね上がります。つまり、潜在的な支持層は確実にあるのです。

第二は本社機能を伴うロースタリー・カフェの出店構想です。「分散から集中へ」の実践でもあります。現在、当社は本社を中心として焙煎工場の南営業所、「珈楽」「季楽」「久音」などがばらばらに事業をしています。

このうち、喫茶店部門である「季楽」や「久音」を移転することはできませんが、他の機能の見直しを視野に入れても良いのではないかと考えています。

例えば、本社一階の「珈楽」では世界のコーヒー豆を購入できますが、試飲以外でコーヒーを飲むことはできません。

せっかくコーヒーを扱う企業なのだから、食のセレクトショップとしての機能も満たすロースタリー・カフェを構えることができればファン層の拡大にもつながるのではないかと見ています。

幻の赤いコーヒーを求めて

戦略の第三は商品開発です。それも、単なる開発ではなく、当社の原点の追求です。コーヒー豆を扱う卸売業者は例外なく、その会社ならではの「味」をもっています。いわば会社の看板です。

その味は「点」ではなく「幅」に例えることができます。別の章でも書いたように、同じ豆を使っても淹れる人や器具、淹れ方、湯の温度、時には天候などでも出来栄えが変わってしまうため、点として絞り込むのが難しいからです。

事実、業者は「だいたい、ここからここまで」といった幅で、自社の固有の味を訴えます。点のように「この味しかない」という突き詰めたものではなく、もう少しゆとりがあります。理屈で説明するのは難しいのですが、その幅は業者によって、見事に分かれます。

一〇〇周年を記念して、当社では和田珈琲店時代のコーヒーをなんとか再現したいと切に願っています。古い社員によると、当社はいわゆるエスプレッソタイプの濃い味ではなく、マイルドタイプの浅い味が得意でした。

このため、当社の持ち味である、あっさりとしたコーヒーは「赤いコーヒー」と呼ばれていたそうです。もちろん、日の丸や郵便ポストや消防車などに使われている強い赤ではなく、品の良い褐色で、見ようによって赤みがかったように感じられる色だったはずです。

当初は「創業一〇〇周年」を掲げて二〇一六（平成二十八）年に初出展した「カフェ・喫茶ショー」でこれをなんとか披露できないだろうかと考えました。当社の特徴を知ってもらうのにはまたとない機会だったからです。

しかし、当時の製法を体で覚えた職人がすべて退いている今、門外不出のブレンドは一朝一夕に解明できず、残念ながら次回以降に持ち越すことになりました。

ですから、現在はまだ「幻の赤いコーヒー」のままです。

目前に迫った一〇〇周年は企業としてこの先も続く長い長い道のりの節目の一つです。

「幻の赤いコーヒー」はこの道のりのどこかできっとお披露目できると信じています。

そのためにこそ、不断の努力を怠らず、一般のお客様にもお得意様にも愛される企業として、次の一〇〇周年を目指して歩みを進めたいと思っています。

COFFEE
1974.8

本社にある藤田嗣治作「大地」（1934年）の模写。この作品は藤田が東京・銀座聖書館（現・教文館ビル）内のブラジル珈琲館宣伝所会長AAアシンソンの依頼で描いた帰国後最初の壁画。珈琲園を望むブラジル・リオデジャネイロ郊外の光景を描いている

COLLECTION

和田珈琲の記憶

和田家家宝　昭和初期、和田昌信がブラジルコーヒー宣伝に奔走していた記録。
全国でブラジルコーヒーの宣伝活動をまとめたアルバムをブラジルコーヒー宣伝本部アシンソン氏よりいただいた

226. Place: Show Room of Brazil Coffee H. Q.
Mr. Vidal and Mr. Mori beside the Christmas trees.

227. Place: Toshin Warehouse, Kobe
Newly constructed Toshin Warehouse of Kobe.

228. Place: Municipal Office, Nagoya
Coffee demonstration in the Dining Room of the Municipal Office of Nagoya.

229. Place: Sogo Department Store, Osaka
Demonstration.

222. Place: Hamamatsu Brazil, Hamamatsu
Outside view of the only Brazil Coffee House in Hamamatsu.

223. Place: Hamamatsu Brazil, Hamamatsu
A part of interior.

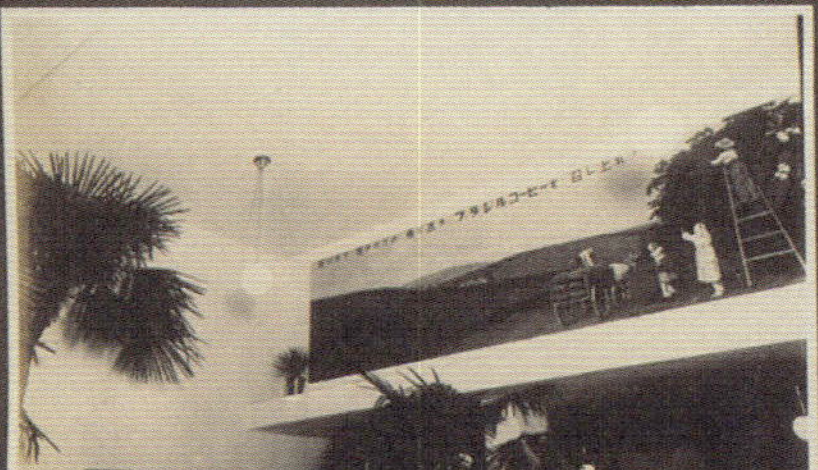

224. Place: Hamamatsu Brazil, Hamamatsu
Decoration and mural painting in the parlor.

225. Place: Show Room of Brazil Coffee H. Q.
Christmas decoration.

〔01〕|〔02〕
〔03〕

〔01〕　ワダコーヒー株式会社　創業者　和田昌信
〔02〕　戦後の伏見店　店内の様子
〔03〕　ブラジルコーヒー宣伝活動

〔01〕
〔02〕│〔03〕

〔01〕　創業者　和田昌信の父（文平）と母（はな）
〔02〕　焙煎をする　創業者　和田昌信
〔03〕　帳簿をつける和田はな（昌信の夫人）

〔01〕〔02〕〔03〕

〔01〕 和田昌信は政界・芸能界関係者とも親交が深く、よく御園座（名古屋市伏見）へ行っていた。

〔02〕〔03〕 ワダコーヒー本社（名古屋市中区大井町）竣工披露パーティー

贈
愛知県知事
桑原幹

会社沿革

1918.01	創業者　故・和田昌信によってコーヒーが将来日本の大衆の嗜好に投じ第二の茶として成功するという信念のもと「和田珈琲店」を開業する。
1927.10	名古屋市東区久屋町 8 丁目にて「ブラジル和田珈琲店」と改名　アメリカからロイヤル焙煎機を導入し、中部地方で初めて生豆の焙煎を行うと共にコーヒー加工卸販売と流通を本格的に行う
1933.10	ブラジルコーヒー宣伝本部より中部地方におけるブラジルコーヒーの味覚の普及事業を委託され、中部 6 県下の女学校を対象にコーヒーの入れ方、味わい方について講習を行い、コーヒーの普及に努めた。
1935.06	珈琲研究所を併設すると共にコーヒーのブレンドの研究をする。
1947.10	名古屋市中区広小路通り (伏見) にて移転すると同時に直営喫茶部を併設。
1949.06	「珈琲を楽しむ会」を設立し、戦後の混乱期に本物の純コーヒーを提供する。
1950.10	株式会社ブラジル和田珈琲店と改名
1961.05	卸売部を東区七曲町 1-1 に移転し、最新式サマーロエキスプレッソ熱風焙煎機設置。品質の向上均一化をはかる。
1970.07	東区東新町に直営店「喫茶とコーヒー小売の店　和田珈琲店」(40 坪 75 席) を開店する。
1972.01	中区大井町 2-4 に新社屋完成。世界のコーヒー・コーヒー専門器具販売と配送センターを設置
1973.06	セミオートマチック大型焙煎機導入
1975.08	大型ローラーグラインダーミル導入
1977.08	南区東浦通りに「喫茶＆レストラン　愛と憩いのカフェプラザグリーンカップ」開店
1981.10	オフィスコーヒーシステム販売部門を開設

1995.10	ワダコーヒー株式会社に改名
2003.05	本社1Fコーヒー豆小売部を改装。 珈琲豆専門店「香琲豆屋　珈楽本店」開店
2003.12	ワダコーヒー株式会社のホームページ開設
2004.06	南営業所 1F コーヒー豆小売部を改装。 生豆焙煎珈琲豆専門店「香琲豆屋　珈楽南店」開店
2005.05	「香琲豆屋　珈楽」通信販売部門をビッターズ内に開店
2007.01	直営店喫茶部　「和田珈琲店　季楽」を東海市富貴ノ台に開店
2009.01	ワダコーヒー株式会社のホームページリニューアル開設
2013.03	直営店喫茶部　「和田珈琲店　久音」を豊明市新栄町に開店
2014.12	和田珈琲店　久音ホームページ開設
2015.08	和田珈琲店　季楽ホームページリニューアル開設
2015.09	ワダコーヒー株式会社 ホームページリニューアル開設 100周年に向けての特設サイト開設
2015.10	ワダコーヒー監修、メ～テレドラマ「三人兄弟」とのコラボレーション企画 「オリジナルブレンド」を開発・販売
2016	「黒川マルシェ」出店（2月・4月） 「パンマルシェ 7」出店（4月） 「カフェ喫茶ショー」出展（6月）
2017	通信販売部門を「47CLUB」内に開店（3月） 「カフェ喫茶ショー」出展（6月）

直営店紹介

香琲豆屋　珈楽　本店

住所：愛知県名古屋市中区大井町
　　　2番4号

TEL：052-331-7339

営業時間：10：00 - 18：00

定休日：土・日・祝日

生豆珈琲焙煎専門店　珈楽　南店

住所：愛知県名古屋市南区鶴田
　　　1丁目11番25号

TEL：052-811-1157

営業時間：9：30 - 17：00

定休日：土・日・祝日

和田珈琲店　季楽

住所：愛知県東海市富貴ノ台
　　　2丁目120番

TEL：052-601-5557

営業時間：8：00 - 17：00(LO16:00)
　土日祝：8：00 - 18：00(LO17:00)

定休日：水

和田珈琲店　久音

住所：愛知県豊明市新栄町6丁目
　　　1番1号

TEL：0562-85-7424

営業時間：8：00 - 18：00(LO17:00)

定休日：年中無休（年末年始はのぞく）

ワダコーヒー
ワダコーヒー株式会社
FEE
ワダコ
防犯特別警戒中
防犯連絡所
不審者警戒中

創業一〇〇周年を意識し始めたのは、二〇一〇（平成二十二）年に社長に就任した時です。

私が生まれたのは会社が創業五〇周年を迎えた一九六八（昭和四十三）年です。当然のことながら、私が五十歳となる二〇一八（平成三十）年にワダコーヒーは創業一〇〇周年の大きな節目を迎えます。これも何かの巡り合わせといえるのでしょうか。

生まれた時からコーヒーの香りに包まれた環境の中で育ち、同年代よりも年上の社員の人と関わることが多く、食べることが何より好きで、運動よりもケーキ作りに興味を持ち、小学校の卒業記念文集には「将来の夢はワダコーヒーの支店長になること」と書いていた私。なぜ、支店長なのか定かではありませんが、興味や関心のおもむくまま、自分の考えに素直に従っていた少年は支店長ではなく社長の椅子に座ることになりました。

周りの助言があったものの、自分の道は自分で見つけ、最終的に決断するのはいつも自分でした。そのようにして経営者の責任の大きさや課せられた仕事の重み、言い知れぬ孤独などを自ずと学びました。日々の仕事や老親の介護に追われていた親から十分に構ってもらえない状況に置かれていたことが結果的には良かったのかもしれません。

直営店の現場に立ってコーヒーを抽出することが今でもあります。毎回同じ時間に来ていただいているお客様、若々しい二

お客様の「ごちそうさま」を聞きたくて

十代のグループ、小さなお子様を連れたご家族――。いろいろなお客様にご来店いただき、帰り際に「ごちそうさま、また来るね」と声をかけていただけるのが何よりの喜びです。

初めは何もできなかったスタッフが成長し、業務を任されるようになり、卒業してからも自分の子供を連れ、お客様として来店してもらえるのもこの商売でしか味わえない本当の喜びです。

喫茶業界は現在、経営者の高齢化や後継者問題、スタッフ不足による営業時間短縮など、数多くの問題を抱え、多難な環境での経営を余儀なくされています。それだからこそ「お客様に感謝していただける喜び」をもっとアピールして「コーヒー」や「喫茶」を取り巻く業界の発展に邁進していきたいと願っています。

この記念誌を発刊するにあたっては、社内外の多くの方々のご指導、ご支援、ご協力をいただきました。とりわけ、株式会社三恵社専務の加藤浩司さん、制作室チーフデザイナーの野本公康さん、アイ・ケイ・ジェイ代表で、ジャーナリストの伊藤公一さんにはひとかたならぬお世話になりました。ここに厚くお礼申し上げます。

ワダコーヒー株式会社
代表取締役社長　和田康裕

Good Coffee Community

100th

WADA COFFEE

100th ANNIVERSARY

ワダコーヒー創業100周年

1918 - 2018

幻の赤い珈琲を求めて
ワダコーヒー百年史

2017年11月1日　初版発行

著　者　　和田 康裕
定　価　　本体価格 1,600円＋税
発行所　　株式会社　三恵社
〒462-0056 愛知県名古屋市北区中丸町2-24-1
TEL 052-915-5211　FAX 052-915-5019
URL http://www.sankeisha.com

ISBN978-4-86487-750-3 C1063 ¥1600E